親子繪本
共讀小法寶

一起畫圖、說故事、玩遊戲，讓孩子愛上閱讀

梁書瑋——著

目錄 CONTENTS

推薦序

翻開書，看見兒童和自己——在童心中悠遊

童話詩人 林世仁

很高興書瑋老師的這本書要「新版重刷」了！

從舊版到新版，流逝的是時間，增添的是新的篇章，變換的是書瑋升格當了媽媽。

唯一不變的，是書中陪伴兒童的智慧與深心。

這次品讀新增的篇章，益發使我覺得這本書除了帶出「書、兒童、閱讀」的陪伴三昧，更多的，是領讀人在過程中看見的「童心」與「自己」，而這正是親子共讀最美好的一端。以往，我們常常偏重在兒童得到什麼？啟發出什麼？這一回，我們看到了大人在共讀中得到什麼？又啟發出了什麼？真正的共讀永遠是雙向的，也是共振的。

重讀以前的推薦序，我覺得沒能再多說什麼，它已經把我的體悟和祝福都寫在裡頭了。新版的書名由《繪本有意思一幸福共讀法寶》改成《親子繪本共讀小法寶》，謙遜的往後退讓了一下，但也更明白的暗示了我們：在共讀過程中，那些點點

滴滴的小事，才是真正的關鍵呢！以下，便讓我的祝福在多年之後來到您的眼前。祝福翻開這本書的人，都能感受到它的美好！

許多年前，我應邀到中壢「黃秋芳創作坊」跟小朋友見面。行前秋芳建議我演講時不要用電腦簡報，她希望是我的「人」和小朋友見面，而不是繞個彎，透過「投影幕」跟小朋友聊天。

以前，我曾碰過邀約單位很不好意思的表示沒有電腦設備，但有電腦設備卻主動建議不用的，這還是頭一遭。事後證明，那是一次美好的相遇，當我在網路上看到小朋友的回響文章，印象更是深刻。文章中，很少刻板的句子，很少漂亮卻缺乏生命的修飾語，有的是真真切切的內心感受。

和臺灣其他常見的學習模式相比，我很少在「公式化作業」的心得文章中，看到這樣真實、活潑的內容。學生的表現，反映出老師的教學，我想，一定是有一群「很不公式化」的老師，才能教出這樣一群很不公式化的學生，讓文章真的可以傳達心聲，變成心靈的相見。

由此，我很好奇創作坊老師的教法。他們藏著什麼樣的法寶呢？

初讀書瑋老師的這本書，我幾乎小小嚇了一跳！以「教學法寶」的角度來看，它幾乎完全「失焦」。除了第三部分，提到一個很實用的「作文結構圖」之外，幾乎找不到「教法一二三」之類的速成祕笈；第一人稱的敘述角度，更使這本書像一本「教學現場的散文集」。

這是怎麼回事？這不是一本教學法寶書嗎？然後，一篇篇讀下來，我慢慢發現，書瑋老師其實是在做一種「教學示範」。它不是「教學法寶」，而是「共讀法寶」，法寶就藏在文章中，有點「不教之教」的味道，沾了點道家的豁然輕鬆，摻了點儒家的耐性用心。

可以說，這本書以「乾坤大挪移」的方式，把焦點從「方法」轉移到「兒童」，聚焦於「人」。讓我們明白，只有在「教法祕笈」這類單一的技術層面上失焦，才能在幸福共讀中，看得更廣、更全面；看到兒童，看到童心，也看到自己。

不妨先聽聽書瑋老師怎麼說：

任何一次親密幸福的繪本共讀，都是從封面、封底的「觀察」和「想像」開始。

只要給孩子足夠的時間和導引，孩子的答案常常都是由「平常」到「不平常」。

讓他們（孩子）自己整理出答案，然後，帶著每一種可能的答案，進入書中的故事。

比起早就知道遊戲規則，完全無法預料事態進展所帶來的快樂和驚喜，往往還要有趣多了。

只有用一雙美好的眼睛看著他們，他們才能變成我們要的美好模樣。

這種近乎「不教之教」的能量有多大呢？我們來看幾則小朋友的回應：

「白白的小兔子喜歡跟胡蘿蔔說話，可是因為小兔子的牙齒太長了，在跟胡蘿蔔說話時都會咬到胡蘿蔔，讓大家以為小兔子喜歡吃胡蘿蔔。」

孩子窩在大片牆壁的一角說：「老師，我現在是在畫石頭。」然後跳到牆壁中間，展開成大字形：「碰，石頭擋到路，被工人炸開來了。」

想讓孩子寫幾個字，孩子用雙手撐著下巴搖著頭，問他怎麼了？「老師，我的字都在頭上面，要搖一搖，字才會掉下來，我才能寫字。」

多有創意的回應！

原來，「不教之教」才是真正的源頭活水。最大的法寶就是「成全」，讓孩子內在的自我從容出現，成為他本來就該有的樣子。而方法也不過是「讓孩子、書和我們自己，形成幸福聯繫。」

坊間許多補習班的教學法（借用書中的比喻），就像是只顧著澆水，不肯停下來的園丁，澆得花朵都快淹死了，還懷疑是不是澆得不夠多？這樣，不僅留不出靈感的生長空間，更會錯過互動過程中的美好。

我想，書瑋老師想告訴我們的是：真正的法寶不在技法，而在心態和態度，再加上一點從容的時間。只要讓孩子成為學習的主體，相信孩子，既可預期又不可預期的成果就會自然開花結果。

就像書中的小朋友們在亂畫的過程中，意外發現這跟艾瑞卡爾的「拼貼絕技」，簡直異曲同工！

也許，讀者在讀完這一系列文章，也能發現自己已在無意中學會了親子共讀的法寶。發現最美的書，是兒童；最美的感動，是童心；而在親子共讀中收穫最大的，往往是我們自己。

這本書想要傳達的，其實是一個「兒童」、「童書」和「我」三方皆贏的法寶。

書瑋說：「世上沒有一本書，能贏過一本名為『孩子』的書。」一樣是教學，這樣的教學理念很不一樣，很活、很人性、很文學。

如果全臺灣的作文班，都不只是在教作文，而是在教文學、教欣賞、教思考、教美……，那麼，相信小朋友的心中和筆下，就能流露出更多的靈性，更多的真實、美好與想像。

作者序

照書養也好玩

梁書瑋

我很容易被新鮮事吸引，也很容易被「洗腦」，所以打從上了「保育員」課程後，就想著如果有一天有了自己的寶寶，我也要從懷孕期就開始「有計畫」地教養他。沒想到這個學生時期的願望，真有實現的一天。

打從知道有寶寶後，我便購入嬰幼兒發展的相關書藉，加入新手媽媽群組、社團，後來發現書才剛翻開，寶寶出生了；書還沒看完，寶寶長大了！原本是要「預知」寶寶的發展，結果變成賓果對對樂，翻著書，「核對」著寶寶「中了」幾項，成為難得空閒的娛樂。更多時候就像所有的父母、老師一樣，被孩子們折騰得再累、氣得再火，只要他們對我們一笑，只要他們有一點點的不一樣，就會因此開心好久。

《親子繪本共讀小法寶》就是為了想要陪伴孩子的父母、老師而完成的「經驗分享」。在「孩子優先」的信念下，簡單、重複、創造差異是我在陪伴孩子時的法寶，也是完成這本書的主要架構。

面對最常遇到的「可以推薦什麼書跟孩子一起看？」這個問題，我挑選五味太郎、艾瑞・卡爾、約翰・伯寧罕、李歐・李奧尼、大衛・麥基、安東尼・布朗和陳致元七位繪本作家，他們的作品風格各異，從輕鬆愉快到深情相伴再到自我認同，適合進行主題閱讀，對家長、孩子來說簡單上手。

比起「看什麼書？」這個問題，「怎麼看？誰陪著看？」才是一大挑戰。我在共讀的路上，先是主動黏著孩子看，再來是盧著「老」爸一起看，現在邀請先生一起看，像水一般永遠在他們身邊載歌載舞。如今老爸成了阿公，也陪著孫子讀繪本；號稱自己有閱讀障礙不愛看書的先生，會在陪女兒時「讀」繪本給她聽，然後在事後和我討論，哪本書讀起來很好「聽」，哪本讀臺語比較容易。最意想不到的是，從小在我們陪讀下長大的侄兒，現在每晚睡前都會到我房間，陪他的小表妹讀書、講故事。

誰都適合一起共讀繪本，真的！

在共讀書本以及文學活動進行中，留下空隙聆聽孩子的話、陪孩子思考、不以「權威地位」給孩子答案，是重複且必要的放手，而且常常也是最療癒的時刻。第一次和小侄兒共讀《小金魚逃走了》，闔上書前問他，金魚為什麼要逃走？他給我一個「這還用說」的眼神回：「因為姑姑會把牠吃掉啊！姑姑最喜歡吃魚了。」這段話我完全無法反駁呀。

我喜歡和孩子聊天，所以上課前、下課後，只要有時間，身邊總會圍著幾個孩子，聊天話題從早餐吃什麼、考試考什麼、學校同學發生什麼事，偶爾還會有幾個膽子特別大的孩子輪流說鬼故事，因為實在太著迷他們的故事設計，我還為他們準備了筆記本，幾個同學每週輪流創作，後來成為創作坊翻閱率前幾名的書藉呢！其實不論是畫圖、剪貼、書寫，都是孩子們在說「自己的」故事、說「生活的」故事，這段過程更是需要花費時間、耐性以及帶著一顆敏銳的心，才能發現、察覺到孩子的改變。

已經是高中生的創作坊學生蘇裕雯，約莫在三、四年級就讀了這本書的「前世」——《繪本有意思——幸福共讀法寶》，幾乎是下課就在讀，一讀再讀，不僅自己讀，還推薦同學，遇到時是又驚又喜。這本書是寫給父母、老師的呢！結果她對我說：「這本很好笑啊！裡頭有很多笑話。」我忍不住開心，這孩子一定還保有童心，才會懂得那些小小孩子「笑點」和幽默。不是只有我一個人覺得好笑，真好！

我想，《親子繪本共讀小法寶》一定會更好笑！

除了學齡階段的共讀，也因為身分進化，我像一位馴獸師一樣，陪著侄兒們長大、養著一隻還不怎麼能溝通的小野獸女兒，親眼見證他們從把書當固齒器，到後來想嘗試翻書、甚至養成看書的習慣，彼此分享更多共讀與機智問答經驗，創造互相學習、療癒的美好回憶。

現在的我，和多數的父母、老師有差不多的煩惱和憂心，所以更是提醒自己，用心陪伴孩子的同時，也要明白，每個孩子真的都不一樣，他們會有各自不同的面貌與氣質，若把他們拿來做無止盡的比較，真的會一秒惹怒媽媽。每個人都像一本書，豐富著世界這座圖書館，而我們能看見、享受的，是陪伴他們時的幸福與美好，孩子的未來就由孩子自己書寫。此時此刻，感謝我能夠書寫，用文字把這些天真、可愛、無厘頭的純真，保鮮起來。

Part 1

「陪」出孩子的感受力

繪本共讀的重點，

是透過彼此陪伴，引領孩子走向這個世界，

看見孩子在閱讀的過程中，

茁壯對自己、對他人、對世界的感受力。

Chapter 1

讀五味太郎：繪本共讀的啟蒙首選

兩歲的侄兒有一天走進我房間，自己從書架上拿了《鱷魚怕怕牙醫怕怕》坐在床上翻讀著：「鱷魚有蟲蟲，爺爺打針，不要不要。ㄅㄛˇㄅㄛˊ（侄兒用臺語唸「沒有了」的說法），Bye bye。」這一刻起，他的「說故事人生」便由此展開，直到現在。

大概沒有孩子不喜歡《鱷魚怕怕牙醫怕怕》吧！或者應該說，每個人都會喜歡五味太郎（ごみ たろう，1945－）的書。

《鯨魚》是我認識五味太郎的起點。看著鳥兒高飛，喊著：「鯨魚！鯨魚！」然後大家一起「跟風」，掀起一波找鯨魚的熱潮，在一次次「找錯方向」中生氣、抱怨，最後卻只有跟著鳥兒改變視角的孩子能夠看見鯨魚的真面目。

一開始閱讀這本書，只覺得好有趣、好可愛，像在跟鯨魚玩「躲貓貓」，不到最後找不到真相。直到許多年後，有一次全家人一起去動物園玩，大家興奮地「找猴子」，想尋找躲藏在樹叢裡的猴子身影，坐在推車上的侄兒異常好動，即使被大家要求坐好，也不停想要爬起來：「坐好！叫你坐好你一直爬起來做什麼？」

「坐著就看得到了，為什麼要爬起來？」

阿嬤的這句話敲醒了我：對啊，如果坐著看得到，他為什麼要一直爬起來？所以我蹲下身，用跟侄兒一樣的高度與視角找猴子。果然，就是看不到才要站起來呀！連忙叫弟弟把侄兒抱起，讓他也能從大人的高度看見玩躲貓貓的小猴子。

看著侄兒終於笑開懷的表情，我忽然想到，這不就是真實版的《鯨魚》嗎？比起真相，我們更容易看見自己的影子。原來《鯨魚》不單純只是「找鯨魚」，也是在找一個大人和小孩能互相理解、一個能夠創造更多可能的世界。

作家五味太郎還是小孩子的時候，最喜歡暑假作業的「繪本日記」，暑假第一天就能完成一整個假期的記錄。他把畫畫當遊戲，任由他天馬行空的想像力，預言著暑假將過得何等精采。他的第一本作品《道路》，書中那一條條不同的路，各自通往不同的目的地，彷彿就是他的作品預告，預告了接下來他的每本書都通往不同讀者的心，並帶著讀者重新出發，像玩躲貓貓般尋找心裡那遺失的一角。

在嬰幼兒的成長過程中，「躲貓貓」是個重要階段，也可視為孩子學會的第一個遊戲。簡單的「〇〇在哪裡？」、「哎呀，被你找到了！」可以幫助孩子建立認知，認識和他相處、玩樂的照顧者，同時開始有「物體恆存」的概念，讓他們明白照顧者即使不在視線範圍內，他還是會出現，進而慢慢理解生活中的人、事、物會一直都在，間接幫助孩子和主要照顧者走過「分離焦慮風暴」，克服因分離焦慮所帶來的親子衝突。

當自己成了一位媽媽、一個孩子的主要照顧者，重讀《小金魚逃走了》、《誰吃掉了？》、《藏在誰那兒呢？》、《爸爸走丟了》這些作品，發現不只整本書都是遊戲場，更像是陪孩子在玩躲貓貓，只要孩子找到心裡所期待的對象就會很安心。

幾個朋友帶孩子們到家裡聚會，聽著大人們的「媽媽經」、「爸爸經」，孩子們愈來愈坐不住，乾脆把孩子們都帶到餐廳，圍坐在餐桌旁，桌上擺滿五味太郎的作品，看這光景，儼然像個小小孩的讀書會。

和孩子共讀《爸爸走丟了》，這書名就讓孩子哈哈大笑了許久，開始討論起「各種走丟經驗」，舉凡從百貨公司走丟、火車站走丟、夜市走丟、到洗手間也走丟⋯⋯，我都要懷疑，是不是每個孩子都想讓爸爸媽媽走丟了呢？

這本書獨特的版型，以及特殊的裁切設計，帶有「幼兒洞洞書」的效果，孩子可以任由自己的想像，從「洞口」預見接下來的故事，這使他們感到驚奇，紛紛開啟興奮模式投入其中，驚呼聲與笑聲互相交錯。隨著故事進行到第二頁：「不知道什麼時候，爸爸走丟了⋯⋯」孩子原本才停下一會兒的笑聲，馬上又從四面竄出，看來孩子們對於「爸爸走丟」這件事感到趣味盎然。

七歲的小Q在孩子群裡年紀最大，她說：「老師有說，跟爸爸、媽媽走丟不能亂跑，要請大人幫忙。」

我一邊讚嘆小Q的懂事，一邊心想：「『老師說』簡直可說是孩子們的『緊箍咒』」。

「但是我有更好的方法。」小Q得意一笑：「你不見要找爸爸，就要先大聲叫『爸爸』，讓他知道你在找他。」

「哈哈哈哈，可是路上會有很多爸爸耶！」年紀較小一點的晨晅反駁：「還要叫爸比的名字吧！這樣才知道是哪一個人的爸爸啊！」

才中班的晨芯馬上附和哥哥：「要叫『小硯爸比』……」

本來輕鬆的讀書會現場，忽然成了某個慎重的研討會，孩子們很認真地討論「該怎麼叫爸爸」，卻讓在一旁偷偷參與的大人笑翻了。

故事持續進行著。孩子一邊回顧故事細節，一邊幫書裡的主角一起「找爸爸」。經歷一次次的「找錯人」，他們乾脆「不找」了，利用每頁出現的「爸爸特色」，想像出一個新的人或物，直到故事中的爸爸被找到。

畫面來到最後一頁，爸爸跟小男孩手牽手要回家時，一向是哥哥小跟班的晨芯忽然問：「姑姑，爸爸買的禮物怎麼不見了？」

「欸，對耶！到底爸爸有沒有買禮物呢？」接著大家又開始新的一場記憶力大考驗。

陪孩子共讀，一刻也不能鬆懈呢！

才把手中的書放下，原本安靜的佑子指著這幾本書封上的作者名說：「阿姨，這些字跟這些字一樣！」順著孩子的發現，讓他們知道，今天讀的繪本作家叫「五味太郎」，期待未來的他們看到這些書，除了「我讀過這本書」之外，還能比別人多知道一些訊息。

小Q問：「太郎是什麼啊？」

我告訴孩子們，太郎是名字，只有家裡第一個出生的男孩子才能叫「太郎」。

晨晅一聽，馬上露出誇張的表情：「姑姑，妳騙人，妳明明說他叫『五ㄨㄟˋ太郎』，就是有五個人啊！」

「阿姨，這樣我們有『二位太郎』。」小Q指著在場唯二的男孩子。

看著晨晅跟佑子瞪大眼睛互看的反應，我忍不住拋棄「阿姨很會讀書」的形象，毫無形象地在孩子面前放聲大笑。這就是陪孩子們閱讀的樂趣，每一個看似無關的線索，他們都能在生活中找到連結，他們各個都是玩躲貓貓的遊戲高手，擅長找出隱藏在書裡的線索。

我試著讓孩子知道，「五味太郎」不是「五位太郎」，是味道的「味」。

這時連很少出聲音的佑子都瞪大了眼，小小聲地唸著：「也太多味了吧！」

「哪裡會有很多味道？」我問。

「夜市！有臭豆腐、還有炸雞排……」晨晅邊說邊扭著小圓肚。

「百貨公司。」小Q捏著鼻子：「很多奇怪的香味。」

「廚餘桶。」佑子說：「我上次倒廚餘，廚餘桶有很多味道，香香的菜倒進廚餘桶裡就不香了。」

「是啊！所以我們要努力把香香的菜吃光光呀！」身為老師，一找到機會，我忍不住就「說教小博士」上身，實在不是可愛的習慣呀！

當孩子有所理解後，我進一步地向孩子說明，就是因為很多味道聚在一起不會好聞，所以「五味」在日語中和「垃圾」同音。孩子一個個睜大眼：「這樣就變成……太郎了。」就怕又見到「說教小博士」，他們自動把「垃圾」消音。

我對他們點點頭，稱讚孩子懂事的「自動消音」，也讓孩子知道他們的推論正確。

「可是五味太郎才不在乎別人怎麼說呢！因為他覺得有比生氣更重要、更好玩的事……」

「畫圖！」

「說故事！」

「跑來跑去！」

孩子繞著桌子，手指點著桌上的書：「這個跑，這個也在跑，一直跑，五味太郎也太愛跑了吧！」

轉瞬間，孩子們又開啟一場新遊戲，整間屋子都是笑聲，每個孩子都是五味太郎。我想這應該也是五味太郎畫《遇到選擇時，你會怎麼做？》的心情，每一個問題、困境，都因為我們的轉念而有所化解，就像烏雲擁吻著光，我們也能看見自己不同的可能性。

讀書會散場後，晨芯抱著《鱷魚怕怕牙醫怕怕》，拉了拉我的衣角，指著書中牙科診所的招牌：「姑姑，妳看有Totoro！」仔細一看，還真的！裡頭也有一隻從動畫《龍貓》中逃跑出走的小白龍貓呢！

我一邊收拾排開在桌上的書，一邊想著：孩子們的「新發現」，幾乎都跟離開、移動、探索有關，似乎也意味著，一個人要保有活力，就是要不斷改變、不斷移動，不能永遠靜止在原地。

五味太郎曾經在訪談中表示：「我沒有要透過書教孩子什麼，只要從中感受到快樂就好。」

快樂，就是向前走的動力。我想，正是這份精神，讓孩子們能一直「有所發現」。與孩子們共讀繪本的歡樂之旅，也準備要開始啟程了。

Chapter 2

讀艾瑞・卡爾：拓展孩子的想像力

跟著五味太郎的腳步，我們帶著勇氣「出發」，開啟尋找快樂的旅程，眼睛所見都是美好、都是陽光。一如艾瑞・卡爾（Eric Carle，1929－2021）的書，幾乎每本書一打開，就能看見一顆大太陽，連故事發生在夜晚的《好寂寞的螢火蟲》，也是從一顆大太陽開始呢！

艾瑞・卡爾的書正是帶著像陽光般溫暖、幸福又安適的情味陪著大家。或許是因為從小得到爸媽的支持與肯定，讓艾瑞・卡爾的作品得以散發讚嘆生命的單純與熱情。讀他的書，總給人一種「簡單輕鬆」的感覺，很適合想要讓心情放假時閱讀，跟著畫面一頁一頁地翻，悠閒而從容，彷彿回到幼年純真時刻。

畫面中沒有特別多的線索，只要跟著蓬勃奔放互相交疊出層次的顏色、拼貼，享受著自由與秩序，再跟著不同的「版型」，在圖與顏色裡遊戲，最後透過「特殊的裝置」，讓孩子彷彿親眼看見螢火蟲的光亮、親耳聽見蟋蟀的鳴叫，使閱讀多了份驚喜。

讀著艾瑞・卡爾的作品，本來只是想要享受那種不用花腦筋的「簡單」風格。沒想到，跟著孩子重讀《好餓的毛毛蟲》時，似乎也跟著這隻毛毛蟲，一起吃著蘋果、梨子、李子……，然後結繭、蛻變，最後化為一隻蝴蝶。

能夠一次又一次與孩子同在，專注於繪本主題作家所繪製的繁麗世界裡，放慢書頁、放慢時間、也放慢咀嚼與分享的節奏，不知不覺間，我們真的可以走進一個「原本不存在」、由作家所建構的魔法世界裡。

這種反覆繞著同一位作家所進行的「主題式繪本共讀」，可以讓孩子、書籍和我們自己，形成緊密的幸福聯繫。在共讀的過程，孩子和書、我們和書，甚至是孩子和我們，有了共鳴和連結，瞬間進入了共同的情感領域裡，在那裡一起學習、一起成長，同時也一起享受著世界帶來的驚喜和喜悅。每認識一位主題作家，就能認識這位作家筆下的各種角色，於是會發現我們是多麼地幸福，能夠在繪本的形相色澤間，認識了這麼多親密的好朋友。

就這樣，我們學會和孩子一起翻著繪本，觸摸「不一樣的世界」。

任何一次親密幸福的繪本共讀，都是從封面、封底的「觀察」和「想像」開始。

習慣在封面和封底多停留一點時間，隨意翻了翻，光線、聲音以及周邊的擺設、人際、氣氛，都會影響孩子解讀這些圖像。看著攤開的封面和封底，孩子緊張地指揮起我翻書的方向：「老師，不是啦，不是那一面！」、「妳看，毛毛蟲都從樹葉上爬下來了，妳不能再叫牠回葉子上啊！牠都說牠好餓了，牠要去找東西吃！」

「假裝」順著孩子們的意思翻開蝴蝶頁，看到頁面間繪滿「彩色珠子」，我把握每一個時間縫隙向孩子提問：「這是什麼？」

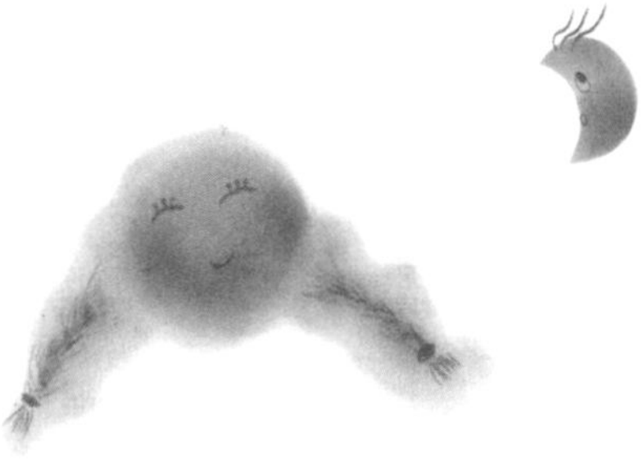

孩子們一個個用疑惑的雙眼看著我。有一個孩子還「老氣橫秋」地對我解說：「老師，那是地板。地上本來就會有很多顏色啊！」

接著還有孩子提出證據，指著地板上的坐墊說：「老師，連教室的地板上，都有很多顏色的墊子啊！」

看著占了半個畫面的太陽，孩子忽然對整齊的光芒產生興趣：「太陽有梳頭髮！」

一個孩子反駁說：「那才不是太陽，那是大隻的毛毛蟲，太大隻了，所以只看到頭而已。」

大隻的毛毛蟲？

聽著孩子的話，連忙低下頭看看畫面裡的太陽。哈哈，還真的有一點點像呢！我們這些看得懂國字的大人，看到畫面旁寫著：「暖和的太陽升上來了。」所以覺得那占著半個畫面的，當然是太陽啊！然而正因為我們知道答案，所以觀點也因此受到侷限，好像我們都變得看不懂圖了。

大毛毛蟲？真沒想過呢！每陪伴孩子一次，都在「更新自我」一次。突然間有個想法，下一次我要把所有的字遮起來，看看「圖在說什麼」，學著當一個不識字的孩子看繪本，應該會冒出許多有趣的答案吧！

「怎麼可能？」孩子意外提出的想法，讓大家的疑問不斷冒出。屬於閱讀的「魔法時間」，瞬間暫停。只不過是書中的一個畫面，竟讓孩子開始辯論起來：「毛毛蟲怎麼可能有這麼大？」

「你又沒看過，怎麼知道沒有這麼大的毛毛蟲。」

「那你有看過嗎？」

孩子們紛紛看向我，看起來大家都希望我可以立刻做出「智慧的裁定」，可是我除了以笑容回應之外，沒有其他反應，因為我喜歡他們自己解決問題、自己找到答案，同時也找到彼此之間的平衡。

「我沒看過，可是也可能會有這麼大的毛毛蟲。」有孩子指著小小的毛毛蟲說：「牠餓了啊！去找很多食物吃，以後就會長大，最後變成大毛毛蟲了啊！」

「老師，真的是太陽耶！」在一旁聽著同學對話的孩子指著文字，一字一字地唸：「星期天早上，暖和的太陽升上來了。『ㄅㄛ』一聲，一條又小又餓的毛毛蟲，從蛋裡爬了出來。所以是太陽。」

答案從來都不是我給的。

對我來說，每一個發現都是一個答案，這個世界就是因為沒有所謂的正確答案，才會這麼有趣，更有趣的是，這些答案，都是還沒上小學的小小孩找到的。

翻著書，跟著小毛毛蟲，在星期一吃了一個蘋果，星期二吃了兩個梨子，接著三個李子、四個草莓、五個橘子。

「老師，六、六、六，接下來一定是六。」孩子興奮地猜測，對於簡單、重複的邏輯，孩子們能夠感受到「提早掌握世界」的權威。

「老師，牠很小耶！怎麼會吃這麼多啊？」

「毛毛蟲爬很慢耶，牠走路走很久會累啊！我去爬山回家，也會吃很多飯。」

星期六，牠吃了一塊巧克力蛋糕、一個冰淇淋甜筒、一條小黃瓜、一塊乳酪、一條火腿、一根棒棒糖、一個櫻桃派、一條香腸、一個杯子蛋糕和一片西瓜。

「老師，牠去餐廳喔！」有孩子搶著在畫面裡找線索。有人說：「對啊！不然外面怎麼會有這麼多東西，外面只有水果跟樹葉而已。」

另一位又說：「老師，牠在餐廳吃不會被人抓到嗎？」

「老師，吃這麼多，不會肚子痛嗎？」一位乖巧的孩子問道。我笑著翻開下一頁：「會啊！所以在星期天，他又吃了一片又嫩又綠的葉子。」

畫面跳到一隻「放大版」的毛毛蟲身上。

這時「大毛毛蟲」的話題又開始了：「看吧！我就說牠吃很多食物，會變成大毛毛蟲。」

「牠會變大毛毛蟲，可是剛剛那個是太陽啦！」

好餓好餓的毛毛蟲，在孩子此起彼落的聲音中，結了繭，變成了漂亮的蝴蝶。

「不是變成大毛毛蟲，是變成大蝴蝶耶！」

「不是，是先變成大毛毛蟲才變成大蝴蝶的，小毛毛蟲只會變成小蝴蝶。」這名孩子的結論，似乎得到了同儕的認可。

讓孩子想想，毛毛蟲是怎麼變成蝴蝶的？

「吃了……」每個孩子都在努力回憶，把所有記憶裡的食物，重新呼喚出來。

「啊！老師，這樣好像小寶寶喔！」孩子因為自己的發現，眼睛裡閃著亮光。

「先喝牛奶，再來才吃一點點東西，再來才吃很多，以後我吃的就會跟我爸爸一樣多了。」

「老師，不是啦！是像學ㄅㄆㄇ啦！小班學一點點，中班通通學完，大班是上拼音，真的喔！我現在還會寫國字喔！我們有回家作業！」

這就是幸福、安適的艾瑞・卡爾帶給我們的樂趣，在單純的故事設定與繽紛的顏色中，為孩子們準備了慢慢摸索、慢慢長大的節奏。

隨著孩子愈來愈會表達，我很喜歡領著他們共讀艾瑞・卡爾的繪本，無論孩子們從他的書中發現了什麼，我們都要提醒自己：放慢速度，儘量不要加入大人世界的界定和解說；讓這種單純與熱情無條件、無目的的蔓延，一同參與孩子們的發現，相信孩子們心中的「證據」；最後，我們就可以從孩子們身上，發現成長的喜悅，以及有如向日葵般、總是看向太陽的樂觀。

慶幸我們都擁有這種能力，陪孩子發現艾瑞．卡爾的趣味，以及發現各種關於繪本的形相色澤。

Chapter 3

讀約翰・伯寧罕：尋找孩子內心的柔情

隨著孩子們沉浸在艾瑞・卡爾的單純與熱情中，他們也逐漸地長大。很快地，他們會習慣透過繪本的閱讀與討論，認識一個又一個親密好友。

這些愛讀書的孩子們，帶著一顆渴望探索世界的心出發，開啟學習、閱讀的旅程，就算認不得字，依然喜歡翻讀，像好餓好餓的毛毛蟲一樣，吞吃著一塊又一塊書頁上繽紛的圖像插畫。吃，一直吃，一直吃。所以，我必須守在這些好奇的孩子身邊，陪著他們，放慢速度，反覆圍繞在同一個主題作家身上，一本又一本不斷地討論，直到他們熟悉了這個作家的所有作品，就像聽著好朋友反覆的殷切叮嚀，咀嚼、消化，才能一點一滴，累積成自己的養分。

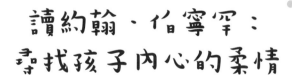

接在艾瑞・卡爾之後的主題作家，是一位有著簡單筆觸、清雅配色，剛好和艾瑞・卡爾形成對比的約翰・伯寧罕（John Burningham，1936－2019）。

我喜歡和孩子們一起翻讀他的書。約翰・伯寧罕的作品，多半是從低幼孩子的視角出發。尤其是學齡前兒童，他們低低的角度，常常能看見大人們沒有注意到的小地方，進而放大了許多我們意想不到的心理細節。比如孩子們都很喜歡《朱里亞斯呢？》，他們對於主角朱里亞斯能在自己的房間用椅子、窗簾和掃把蓋起小房子羨慕不已，更讓他們覺得不可思議的是，看似和往常一樣過生活的爸媽，其實也在參與朱里亞斯的想像活動，一起穿過洞，來到埃及騎駱駝、到中非幫河馬洗澡……，最後終於回家了。這些小細節雖然看似素樸，但是反覆翻讀幾次後，會發現它們各自呼應不同的生活背景和人物個性，有的很有趣，有的很有道理。每個人都有不同角度的思考方式，其中所帶來的趣味，反而給人一種「大家都可以自在快樂做自己」的寬容和深情。

約翰・伯寧罕的特色就是深情。

讓孩子體會深情是一件很重要的事。因為，現代社會愈來愈寡情，孩子對人、對事也連帶愈來愈不用心。所以，我喜歡一遍又一遍地讓班上的孩子認識自己的同學、認真記得每一個人，這樣才能為孩子的記憶寶箱裡添加更多關於「人」這種「有溫度」的寶藏。

和孩子初次見面，透過彼此間互相認識，不只是為了讓孩子彼此熟悉，更希望讓孩子明白：「名字」，許多時候承載了父母對自己的期望。

翻讀《雲上的小孩》，告訴孩子，大家本來都是住在雲上的小孩。然而，在一片雪白純淨的雲霧中，竟然出現了愛調皮搗蛋的寶貝，常常口出惡言、推卸責任、總以為只有自己一個人也能生活得很好。純白的雲霧被黑暗所掩蓋，所以小天使便把這些雲小孩全送入媽媽的肚子裡，跟著愛他們的家人重新學會珍惜與感恩。

我們一起討論《你喜歡》這本書，跟大部分的繪本不同，這本書沒有「故事」，只有一個又一個的「問題」，而這些問題還「很不尋常」。從「喜歡住的地方遇到什麼變化？」開始問起，接著「喜歡被強迫吃什麼？」、「喜歡遭遇哪些意外？」……我們在每一張畫、每一個問題中停留，分享每一個選擇背後的理由。每一個人都因為各自不同的選擇，顯得更加豐富而特別。看著孩子們小巧的臉蛋和笑瞇瞇的模樣，聽他們訴說各自不同的選擇和理由，與他們各自不同的臉龐和名字拼湊在一起，好像逐漸能體會爸爸、媽媽為我們取名字的祝福和期望。

跟隨著約翰·伯寧罕的作品，我們認識更多書中主角的名字，也經歷許多不一樣的、誇張的、似真似假的、充滿柔情的探險，陪著這些孩子，從這個名字聯繫到那個名字，好像連自己的世界都變大了呢！

拿出《遲到大王》，裡面有一個孩子們都好喜歡的名字。

跟著孩子們一起觀察書本封面，上頭畫有一位穿著學士服睜著大眼睛，就算彎下身子，還是高高在上的大人，以及一個仰著頭，一身濕淋淋的孩子，他有個好長的名字——約翰·派克羅門麥肯席。

讓大家猜猜看，誰才是遲到大王？

大部分的孩子都這樣認為：「老師，是那個小朋友啊！」

我總是喜歡挑起眉，對孩子們的答案假裝感到疑惑。這時，一個孩子冒出了「大人遲到」的答案：「老師，大人都這樣子，明明是自己做錯事，還會很大聲罵人。」

這個答案很寫實、很深刻，同時也讓人心疼起這個寶貝，是否也曾經面對過「自己做錯事，反而還出聲罵人」的大人？

我翻開封底，那是一個孩子正在寫字的圖。孩子們擠在書前，為這張圖做解讀：「他在寫作業！」

「他怎麼沒有同學啊？」

「啊！他被老師罰寫！」孩子一伸手，重新又翻到封面：「看吧！遲到大王，老師很生氣耶！」

接著又翻回封底：「他一直遲到，老師很生氣，就罰寫，所以沒有同學。因為，前面遲到的只有一個人。」

我最喜歡看著孩子你一言我一語、搶著說出自己想法的模樣。我們需要做的是，認真觀察、仔細辨認孩子們的碎字片句，察覺他們如何在一次又一次的討論中，找到屬於他們的邏輯。有時候，他們會問老師的意見，尋找「支持者」來認同他們的想法，可惜他們「運氣不好」，因為此刻在教室裡遇到的這位老師，「看起來懂得不多」，沒有打算給孩子明確的答案，孩子們只能靠著自己摸索、思考、學習。

而我這位「什麼都不懂」的老師，就追隨著孩子的眼睛，看到書中埋藏的答案。

翻開封面，蝴蝶頁上寫滿了有點歪歪、醜醜的字：「我不可以說有鱷魚的謊，也不可以把手套弄丟。」上頭還有幾點汙漬。

尚未讀小學的孩子，還看不太懂字，他們的世界只有「圖像」，所以一看到有髒汙，他們的視覺焦點全都集中在那些

「汙點」上，熱烈地指著汙漬說：「老師，這本書被弄髒了啦！」

讓孩子伸手戳戳那些黑點，他們顯得有點焦慮：「老師，弄不乾淨耶！」

我提醒所有的孩子，不要在意汙點，故事不會因為有一個黑點就不好聽。

帶著孩子們將蝴蝶頁上的句子唸幾次，再讓孩子猜猜到底發生了什麼事。孩子開始一遍又一遍地猜——從封面生氣的老師及挨罵的學生開始聯想，到封底為什麼只有一個學生被罰寫？而蝴蝶頁中的「鱷魚、說謊、手套」又是什麼意思——讓他們自己整理出答案，然後，帶著每一種可能的答案，進入書中的故事。

我總盼著所有的孩子能認真記得每一個人。因為記得每一個人的名字，就是生命中美好連結的起點。

對待書中人物也是一樣。我們常常把一本又一本不同的書、不同的人物串組起來，讓他們相互聯繫交流。縱使遲到大王「約翰．派克羅門麥肯席」的名字長達九個字，孩子們仍然在很短的時間裡將它熟背、牢記起來。

有時候，我們用不同故事裡的人物一起編故事；有時候替人物的相似個性分類；有時候把自己的名字拆解成獨立的符號，畫進圖紙裡，其中還交錯著約翰．伯寧罕筆下虛構的人物名字，為其上色，讓名字裡的圖像元素跳出來。

不知道「孩子的邏輯」是怎麼建立起來的？身為大人的我，總覺得孩子的邏輯，好到不可思議。

因為所有的線索都必須靠自己發現，那些書上的圖像、色塊，才能深刻留在腦海裡。根據蝴蝶頁反覆出現的「鱷魚、說謊、手套」等字樣，以及正在進行中的故事劇情，孩子們找出每次事情發生的「關鍵字」，進而推論出故事裡挨罵的學生每次的罰寫內容：「我不可以說有獅子的謊，也不可以把褲子弄破。」、「我不可以說有大洪水的謊，也不可以把身體弄溼。」

這些孩子們識字不多，但他們的推論居然和書中的句子一字不差呢！來到故事最後，約翰．派克羅門麥肯席準時抵達學校，看到老師被大猩猩抱上天花板，孩子甚至也有「老師的話」要說：「老師，你不可以說有大猩猩的謊，也不可以爬到天花板上喔！」

哈哈！書中的老師，一定很慶幸他不是這些孩子們的老師吧！不過，我卻覺得幸運。

翻到最後的蝴蝶頁，此時的孩子對「汙點」有了新的看法：「老師，那黑黑的地方，是約翰．派克羅門麥肯席被罰寫時弄髒的啦！」

帶著這群孩子讀圖畫書，我從不曾設想過一定要讓孩子學會什麼，只是單純地陪著他們，一起發現不一樣，若真的一定要對他們說教些什麼，我想那就是「相信」吧！相信自己、相信同學、相信我們這麼美好的團體。因為只有相信，我們才能彼此連結，從中學習到自己不了解、不熟悉的其他事物。

共讀完《遲到大王》的隔週，有一位孩子請假，其他孩子都還沉浸在約翰．派克羅門麥肯席因為每天遇到奇怪的事而遲到的情節裡。體貼的華強問：「書瑋老師，難道縉淳也像遲到大王一樣遲到嗎？那等一下他來時，妳不能罰他喔！」

傳恩接著說：「他可能遇到大恐龍了吧！」

聽著他們找出各種理由為自己的同學說情，我感覺特別幸福，如果能因為繪本共讀，為孩子的個性中留下一些深情，那麼我寧可選擇隱瞞同學請假沒來上課的原因。

就讓所有的孩子都留在大人逐漸遺忘的深情世界吧！

Chapter 4

讀李歐・李奧尼：陪孩子認識自己

從約翰・伯寧罕的繪本中，孩子們學會記得身邊的人，建立深情的連結，並相信每一個不同的角色，都可以自在快樂地做自己。那麼接下來，我們就會開始思考：什麼是「自己」？到底要經歷什麼、學會什麼，才叫「做自己」呢？

每一個摸索中的孩子，好像都會有這樣的疑惑。即便將時間線往後延伸，直到我們長大、成家、立業，在社會價值中認真讀書、工作，最後還是得回到「面對自己」的質疑與確定，到底「我」是什麼呢？我們究竟是如何成為「自己」？

李歐・李奧尼（Leo Lionni，1910－1999）的書，就圍繞著這個主題，陪著孩子、以及每一個仍然在好奇摸索的大人，探索自己。

若有機會，我就會和同學一起去書局逛逛。我特別喜歡窩在兒童繪本區，好幾次我都會聽到同樣的問題：「妳怎麼這麼大了，還在看孩子的書？」

每次我都會開玩笑地分享我的選書原則：書薄、字少、圖很多，剛好符合這幾個條件的通常就是繪本啦！

對我來講，每本圖畫書都藏有深刻的涵義，重複翻閱它，就好像一步步深入自己的心裡。隨著閱讀對象、家庭環境和教育模式的不同，也會衍生出各自不同的感覺。

來講講李歐・李奧尼的《小藍和小黃》這本書吧！藍色的色塊小藍和黃色的色塊小黃是好朋友，當他們真正擁抱彼此時，藍色沒了，黃色也不見了，他們混合成了綠色。爸爸、媽媽都認不出他們，有家回不了的孩子只能大哭特哭，流出藍色和黃色的眼淚。最後，又恢復成原本的小藍和小黃，被自己的爸爸、媽媽接回去。可是，他們還是覺得和別人一起玩、一起擁抱，是一件很棒的事。

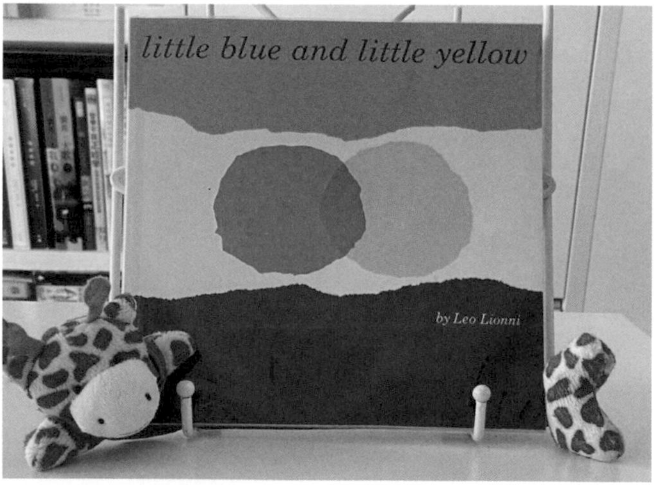

年齡稍長的孩子已有經歷過一些「知識啟蒙」，有的孩子甚至還曾在作文教室「受訓」過，所以當他們聽到顏色「擁抱在一起」時，就會肯定地對我說：「老師，這是擬人法，顏色只有『混合』，怎麼會是『擁抱』！」

剛接觸到「文學感覺」、或是剛學會討論與表達的孩子會「嚴肅指正」：「什麼擬人法？這明明就是『感覺』。當我們感覺他是擁抱，就是擁抱，感覺他是握手，就是握手，也有可能他是在玩兩人三腳啊！」

這些是大孩子的想法，從同儕的刺激中，找出自己需要的資料。

還沒上小學的小小孩最「入戲」了，很快就會把自己放入故事裡。他們會問：「為什麼交了朋友以後，就會變得不一樣？」

「哎唷，就像我跟你在一起，就會有一點點像你；你跟我在一起以後，就會有一點點像我。好朋友會變得有一點點像，你像我以後，就跟以前的你不一樣了啊！」比較大一點的孩子回答。

天啊！孩子們打哪來的這些邏輯啊！看似繞口令，卻還十分有道理呢！

我想，小時候的我們應該也是這麼有「天賦」的吧！只是隨著時間流逝，讀字的時間比看圖還多；乖乖坐在書桌前準備

考試的時間，比自由閱讀的時間還多。漸漸地，我們被制式的生活，磨去了這些創意和想像，以及讓人驚奇的兒童邏輯。

一位個性文靜的孩子舉手問：「老師，我媽媽說我變得有一點點愛講話，可是她還是認識我。為什麼小藍和小黃的爸爸、媽媽，一下子就不認識他們了？」

這個問題比「擬人法」好多了。不為什麼，只是因為故事和孩子的生活正巧有點「不一樣」，我們就覺得有趣又有意思。

還是和往常一樣，我把孩子的問題再丟給孩子，問問他們有什麼看法？

「因為他們是顏色啊！藍色加黃色就等於綠色，這個畫畫老師有教，如果藍色加紅色就會變成紫色喔！」一位受到家裡「精英式」栽培，星期一到星期六排滿課程的孩子，依照自己的經驗，很有自信地回答。

「可是他們會動耶，還會去找朋友，如果他是顏色的話，那他的爸爸、媽媽就不是藍色、黃色，是工廠了啊！」

「哇，那工廠怎麼會不認識綠色呢？綠色也是顏色啊，也是工廠的小孩。」

孩子們在每一個答案中尋找邏輯，也在一次次的邏輯思考中，確認他們找出來的答案。

「哎唷，老師，那是故事嘛，故事都是騙人的。」孩子一副「我看多了」的樣子：「我媽媽每天睡覺都會說故事給我聽，我問她問題，她都是回答：『這是故事。』，所以故事都是這樣子的。」

每當孩子得不到答案或回應時，似乎開始會在自己的腦袋裡畫上一條界線，界線的一端只存放「真實的事物」，另一端則堆積著「虛假的事情」，孩子開始替自己的思維建立一個能被他所理解的模式。

「老師，是不是李歐・李奧尼寫錯了呢？」孩子為了解決問題，提出另一個更新的問題：「他一定是很小很小的時候就做這本書，小朋友才會常常弄錯。」

「不是喔！李歐・李奧尼是當阿公後才出書喔！」我和孩

子解釋：「當阿公的人，都會很疼小孫子，所以李歐・李奧尼為了他的孫子畫這本書。他和他兩個孫子一起搭公車，你們也知道小小朋友在公車上都會很興奮，他們的阿公，李歐・李奧尼只好從雜誌上撕下兩個顏色……」

還沒講完，孩子們就急著搶話說：「是藍色和黃色！」

「沒錯，李歐・李奧尼就在車上講了小藍和小黃的故事。回家後他把撕下來的小藍和小黃重新整理，做了一本書，不論是大人或小孩都很喜歡。」我摟一摟身邊的孩子，希望讓大家相信，每一本書的起點，都是因為愛：「從那次以後，他開始畫了好多書。」

我一邊和孩子們講解，一邊想：當了阿公以後再開始做童書，好像也挺不錯的耶！一是得力於自己豐富的生命經驗，二是年紀大了以後，一定會出現許多跳脫常軌的想法，要不然，人家怎麼會說「家有一老，如有一寶」呢？

難怪李歐・李奧尼的作品，像一大片連著沙灘的海洋，不會游泳的人，依然可以在沙灘邊逐著白浪；如果身懷一點泳技又有些體力的人，就可以到更遠的地方享受衝浪。不論是從淺到深、還是從深到淺，都能有不一樣的體會和感覺。

就連艾瑞・卡爾也深受李歐・李奧尼的影響，只是他們關注的層次不同，前者專注於顏色，後者更關切內容。

「喔，老師，我知道了。因為李歐・李奧尼是在車子上做出小藍和小黃，所以他一下子忘記小藍的爸爸、媽媽是藍色；小黃的爸爸、媽媽是黃色，所以才會不小心，讓他們認不出自己的小孩子啦！」

因為作者忘記，所以書裡的人物才會忘記。就好像書是作者，作者是書的樣子。這個答案有意思極了。

現在想想，我也挺幸運的耶！不用等到當阿嬤以後才能出書，現在就能透過這本書傳遞它的「自我價值」，陪孩子們發現不一樣的生活浪花，自己也享受著共讀的幸福。透過觀察孩子們為每本書、每幅畫頁、每一個微小線索所做的詮釋，我彷彿又重新認識一次這些翻讀了不知道多少遍的老朋友。我相信孩子們也能從這個過程中重新認識「自己」，珍惜自己的每一個奇思妙想，最終都能激盪出耀眼的生活浪花。

Chapter 5

讀大衛・麥基：顛覆觀點、揮灑創意

經歷了李歐・李奧尼的自我探索後，我們繼續在一個又一個不同的問題裡，跳脫思考框架，發揮創造力，享受「想像」和「創作」的幸福。

我喜歡找奇怪的問題，跟孩子們一起動動腦，看著孩子歪著頭，思考著連我都沒有答案的問題：「這個世界的大象為什麼都是灰色的？」

「老師，很久以前的太陽比較大，大象是被曬黑的。」

「大象的媽媽的媽媽的媽媽的媽媽的媽媽的媽媽……就是灰的，所以大象也是灰的。」

「媽媽說要低調，灰色，應該很低調吧？」這答案讓我會心一笑，孩子把媽媽的交待記得好清楚。

「因為我們覺得牠是灰色的，所以看到的都是灰色的。」孩子認真解釋：「老師，是真的，我哥哥在基礎班有背詩，他說，我們覺得世界是什麼樣子，它就是什麼樣子。」

我讓孩子們進一步想想，如果有一隻彩色的大象，牠會出現在哪裡？

「我們家，而且牠會擋到我看電視，就連Discovery頻道裡的馬都只會看牠，不給我看了。」

「藏在水果蛋糕裡，這樣子才不會被人家發現，會被帶去展覽。」

「老師，我們的世界沒有彩色大象，所以彩色大象是在彩色太陽裡的彩色世界。」

哈哈！最喜歡聽這些孩子天馬行空的對話，裡頭充滿了孩子的生活體驗，以及孩子幽默的「兒童哲學思維」。我常常想，是不是大衛．麥基（David McKee，1935－2022）也是用這顆「孩子的心」，創造了全世界孩子們都熟悉的《大象艾瑪》？

據說曾經有人問大衛・麥基何時才會「再」出一本我們都好喜歡的「艾瑪」？他只是笑笑回答：「這就要問艾瑪嚕！」

他就是這樣的人——幽默、喜歡「賣關子」，沒有標準答案，沒有「社會標準想像」中該有的模樣。每一本書，都是在詼諧逗趣的劇情中，丟出引人深思的問題，讓我們不得不繼續再「想一想」。

大象艾瑪是隻鼎鼎大名的「花格子大象」，牠身上什麼顏色都有，就是沒有原本應該屬於大象的顏色——灰色。

只要有艾瑪在，就一定會有笑聲。

喜歡和大家開玩笑的艾瑪，有時候會把自己塗成大象的顏色（還記得嗎？是灰色唷！），讓大家找不到牠；有時候，又把大家塗成艾瑪的顏色（是花格子喔！），讓所有的大象懷疑自己是不是艾瑪；有時候，在風中讓大家以為艾瑪被風吹走了，結果真的被吹上了天空；有時候，為了躲避獵人，想出大象踩高蹺的方法，把膽小的獵人給嚇跑……。

有個孩子回家對媽媽說：「老師第一天說的艾瑪故事，我有聽過，可是今天的艾瑪故事我都沒聽過耶！好奇怪喔，艾瑪的書，沒有這麼大啊！」

孩子的眼中只有「大象艾瑪」這個形象，一點也沒注意到是因為我們讀了好幾本「艾瑪書」所造成的影響。

我們是不是也要像艾瑪一樣，學習把自己心裡的盼望，歸納出簡單的「原則」，然後在這簡單的原則中化身千萬，去適應或改變生活的差異，一如艾瑪選擇好好愛自己，讓不一樣的自己點綴大家的生活，使平凡的每一天充斥多一點笑聲，進而讓世界生出更多的可能。

大衛・麥基的作品，就是在國別、種族、戰爭、和平、期望、破滅、差異、誤解、同理、同情……等千百種樣態中進行試探與討論。隨著情緒的激化與整理後，慢慢找到一種永恆平衡的價值，一如所有的孩子，要在缺陷和遺憾中，找到圓滿，像艾瑪從差異中，認真找到平衡。

孩子們對艾瑪相當熟悉，幾乎像「全熟的牛排」那樣熟。然而對於大象艾瑪的「花格子」做成的大象形狀皮包、提袋、鉛筆盒，卻是第一次看見，所以他們紛紛發出宛如「三分熟」般的驚嘆。

記得我第一次看到朋友從法國旅行帶回來送我的「艾瑪包」，也是這樣的驚喜吁嘆。朋友說，在法國，有些商店只看得見兩種商品，一半是小王子，一半是花格子象的各種包包。和1943年就出生的小王子相比，艾瑪顯得年輕多了，但是牠卻能遠從英國來到法國，和小王子「瓜分天下」。

更讓我興奮的是，就連在臺灣的流行小店，也看得到艾瑪皮包和各種小物了。同學對我發亮的眼睛十分不明白，因為對她來說，「艾瑪包」已經「流行很久」了。

我忽然想到電影裡，牆上掛著大大的螢幕顯示著病毒傳播的速度和感染的範圍，心想：「艾瑪」流行的速度與範圍就如同病毒一樣，深入我們生活的每個角落，這個「艾瑪病毒」實在太厲害了！

看著桌上大大小小的「艾瑪包」，孩子反而愣住了：「啊！老師，你怎麼可以把艾瑪的皮做成皮包呢？」

「老師，這是艾瑪在開玩笑嗎？怎麼有這麼多艾瑪，真的艾瑪到底在哪裡？」

用手戳一戳再捏一捏，孩子們接著皺起眉頭：「老師，艾瑪這次玩笑開太大了，我們分不出來哪個是真艾瑪、哪個是假的。」

孩子們已經走入彩色大象的彩色世界了。

我們一起想像自己正在參加「艾瑪節」，在這個特別的節日裡，所有大象都要化裝成彩色，只有平常就是彩色大象的艾瑪，要變身成灰象。一時間，教室裡充滿熱情和趣味。

當然，我們還可以一起創造出更多的節日，更多令人啼笑皆非的慶祝活動。

孩子們說，警察節的時候，所有的警察都應該放假，接著又擔心，如果沒有警察我們會不會都變成壞人；阿兵哥節的時候，所有人都該去幫阿兵哥擦槍、補破掉的衣服、把臉塗得綠緣黑黑的，假裝自己也是阿兵哥……。

「還有書瑋老師節！」孩子忽然脫口說出：「書瑋老師節，要講很多故事給我們聽。」然後他們自己發現，每個人都可以有一個專屬於自己的節日。

名字裡有火字邊的孩子說，他的節日大家都要去點光明燈，才會平平安安。

字音中有「ㄑㄧㄢ」的孩子說，這是一個大家手牽手去盪鞦韆的日子。

還有大家都要去賽跑的節日，因為孩子的名字裡有匹馬，所以大家都要跟馬一樣會跑步。

更有什麼都不用做，只要舒舒服服泡在溫泉裡的節日，這樣才能利用溫熱的水把熱情傳給每一個人，讓大家都說好話，這是名字中「傳」的用意。

聽著他們為自己量身訂做的節日，誰也掩不住我嘴角邊的笑，這些聰明的孩子，自動幫自己上了一堂「字音字形課」呢！

趴在桌上畫圖的孩子，忽然指著窗外大叫一聲。順著她的手勢看去，玻璃窗上倒映著自己和孩子們的身影。

孩子對我眨眨眼，露出調皮的笑容說：「書瑋老師回來了！」

我愣了一下才想到，這不就是《艾瑪回來了》的封面嗎？

在花格象艾瑪身後，原本是大班的炳翰在看電視，可是艾瑪一出現就擋住了他，只能看見艾瑪和電視裡的馬。依孩子們的邏輯思考，看不到他的我們彷彿通通跑進電視裡面了呢！

孩子喜歡自己創作一個能把所有「不合理」都變成「合理」的童話世界。所以，大班的小女孩傳恩，替花格象設計了一個彩色世界。

艾瑪看著湖面上的倒影，想到可以讓無聊生活變有趣的點子。

這些孩子們居然跟著艾瑪學會了大衛・麥基的幽默呢！

我相信，這些學習、分享的過程，以及顛覆固有觀點的閱讀習慣，可以幫助孩子們以詼諧、自信的方式看待自己和其他人的差異，進而讓他們的生活變得更加豐富、有趣。

Chapter 6

讀安東尼．布朗：親子共讀，誰是親、誰是子？

跟著大衛．麥基，從差異找出圓滿，慢慢地，我們也開始學會，在真實生活裡轉彎。

閱讀安東尼．布朗（Anthony Browne，1946－）的作品，有一種在真實生活裡映照出夢想和渴望的淡淡悲傷和曲折。所以，他的作品選材方面，能夠具體呈現生活現實，並且在圖畫意象裡，埋下許多線索，留下極為寬闊的「想像」和「討論」的空間。

第一次接觸安東尼．布朗，就是從《我爸爸》這本書開始。

封面直接了當告訴大家，那就是本書的主角：爸爸。對於小時候連刷牙都要靠爸爸的我，他簡潔的畫面和文字讓我深深著迷，從圖畫就能感受到他所要傳達的意思和感情。閱讀了大衛・麥基和安東尼・布朗的書，我體會到前者跳脫固有框架的顛覆狂想，以及後者在故事裡所蘊含的無限可能，忽然靈光一閃：親子共讀，為什麼一定是我們和小小孩的活動呢？為什麼不可以是我們和年老的老爸一起共讀呢？這也叫做「親子共讀」啊！

就這樣，我拿著書窩到爸爸身邊，拉著髮色斑白的他，一起翻著書，尋找書中的圖像線索，對照書中「我爸爸」的影子。

我承認，有很長一段時間，我喜歡《我爸爸》勝過安東尼・布朗。

所以在書店，我看過好多作家的繪本，卻不曾再主動找一本「文・圖——安東尼・布朗」的書，直到年歲漸「熟」，慢慢體會到書中的溫熱後，才又回到書店找一系列和「猩猩」有關的書。因為安東尼筆下的「爸爸」，其中一頁是以「猩猩」作為形象，而猩猩正是他的特色和標誌。

在書店一角，不得不承認一件事，那就是我的「哭點」（為感動而哭的臨界點）很低，看著一系列猩猩的書，鼻子竟漸漸酸了起來。雖然故事主角得到的是朋友的支持與幫忙，我卻好像看見了家人默默的付出與關懷，或許只是自己受到家庭環境的影響，當時真的紅了眼睛。

多看幾本他的書，發現安東尼・布朗真的是個有趣的人。

不同於安東尼「我們這一家」系列的書，「猩猩書」的用色，讓人感覺沉重些，不過他還是習慣把感情放在現實與虛構之間。書裡的猩猩形象真實且鮮明，細微的毛髮、生動的表情，一點一滴釋放濃烈的情感；反倒是書中的「人物」，例如《大猩猩》中除了主角安娜之外，其餘人物都像是個布娃娃一樣，就好像上演一部由安東尼編導的《猩球崛起》，猩猩才是他筆下世界的主宰，人是不一定需要的存在，帶著我們轉換觀點、換位思考。

拿著剛買的《雞蛋踢石頭》，拉著爸爸一起看。

沒想到才看封面而已，爸爸竟然跟我說他看過了。怎麼可能，我才剛買耶！

「是真的啦！我看過猩猩的書啊，只是那時候他在舉重而已。」

原來爸爸說的是《我爸爸》其中一頁的內容。雖然他記錯了，但也讓我知道，我這個爸爸跟教室的小小孩一樣，對某些特定的畫面會深深烙印在腦海裡，他們都喜歡在繁複的生活裡，尋找「巧遇相同」的樂趣。

讓不熟悉繪本的大人翻讀繪本，感覺跟小孩有點像，認知裡沒有什麼蝴蝶頁、書名頁等有關一本書的架構概念，直接就翻到書中的內容頁。不過，對於畫面的感受，似乎還保留著一點童蒙時期的敏感。

「這海報的猩猩臉這麼臭，誰會想去買球鞋啊！」爸爸邊看邊叨唸著。故事背景是個愛踢足球的小猩猩威利，沒有球鞋，也買不起。

一頁一頁翻著書，爸爸竟然不用我的提示，像在尋寶一樣找到畫面中的線索：「妳看妳看，有穿球鞋的都跑到最前面了，跑最後的就是那個沒球鞋穿的猩猩，吶，頭頂還有顆足球呢！」

有時還會提出奇怪的問題：「外國人都不知道脫鞋、脫襪跑得比較快嗎？」

故事進行到威利在工廠前，遇到穿著球衣踢球的猩猩。

「吼，怎麼還有個假人？」

「什麼假人？」跟著老人家看繪本，腦袋沒有機會偷懶，反而要跟上他們的思路，對於新鮮事，他們也和孩子一樣充滿問題與驚喜。

「就這個咩！」指著右上角半透明的猩猩說：「球是真的，鞋是真的，但這隻是假的。」

球、鞋、猩猩三者間，只有猩猩是半透明的。

「妳看啦！想球想到連月亮都變足球了。」

看著爸爸翻書的速度，我忽然問：「那隻猩猩叫什麼名字？」

「我怎麼知道！圖上面又沒寫！」

「嘿，你沒看字喔！」

「看什麼字啊，看圖就好了啊！」爸爸怪異的看著我：「小孩子也看不懂字啊！這書不是就要畫給小孩子看的嗎？所以不看字也能懂。」

那一瞬間，我覺得只看圖、不看字的「我爸爸」（不是安東尼的創作，是我現實生活裡的爸爸），似乎離孩子的思維更近，近得讓我覺得他彷彿就是個孩子一樣。

「這個小孩真不孝，竟然連自己的爸爸都認不出來。」爸爸的口氣不太好。可是讓我訝異的不是他的口氣，而是他怎麼跟我有一樣的感覺，總覺得鞋子是威利爸爸給的。

「妳看，明明就還掛著爸爸的照片，不就跟那個工廠的『假人』長得一樣咩！」

我確定爸爸小時候沒有所謂的「圖畫書」，可是他到底怎麼發現這些的？

不過，我這位天才老爸並非每次都有這樣「正常、精采」的發現。有時候，他的想法也會讓我覺得沒臉見書的作者。

因為想念送鞋給自己的那個人，所以威利再回到工廠。

沒想到，爸爸卻說：「他一定比較想吃香蕉啦！之前想足球時，月亮是足球，現在月亮是香蕉，不就是在想香蕉了嗎？」

翻著書的爸爸就像小孩一樣，邊翻邊唸唸有詞。跟著書中的威利，穿上神祕人物送的球鞋，一起練習踢球、射門；參加足球賽前，經歷了失眠及惡夢；上場比賽時，心裡想著就算穿著隊友找來的球鞋，一樣不畏懼的在球場上努力；贏得勝利時，腦中浮現的是那雙在家的球鞋和工廠的陌生人。

直到最後一頁，看到月亮的樣子，才滿意地說：「對嘛，要想爸爸啊！」

總是陪著孩子看書的我，從來不知道，原來不懂圖畫書的大人是這樣看繪本的，就好像抽掉所有看繪本的知識，只是單純的讓自己「泡在書裡」。

雖然說是「親子共讀」，但誰是「親」、誰是「子」呢？我想都不重要了吧？

只要翻開書的人，可以蹲低身子，丟掉一些印在身上許久的既定知識，眼前所見的就會是不一樣的世界了。而我這位老爸在陪我讀繪本的多年之後，換他的小孫子找他共讀，倒也讓他得以一直蹲低身子，既能享受爺孫的親子時光，又能激盪腦力，減緩智力退化。誰說親子共讀只對孩子有益？大人也獲益匪淺呢！

Chapter 7

讀陳致元：接納自己的不一樣

從五味太郎、艾瑞·卡爾、約翰·伯寧罕、李歐·李奧尼、大衛·麥基到安東尼·布朗，我們好像從小小的低幼孩兒開始，慢慢長大，學著愛、學著自我認同、學著顛覆與思考，然後，發展出複雜多元的感覺層次。

然而，共讀過這麼多位繪本作家，還是要讓孩子們理解，並不是「外國的月亮才比較圓」，也不是翻譯作品才叫做精彩，我們自己的本土創作，有許多和孩子們極為貼近的素材和經驗，其實更適合選為共讀素材。

陳致元的創作，對於面對探索和適應一個人的個體性和差異性，一直很用心。

我們常常鼓勵每一個孩子，要成為快樂、自信又獨特的自己，所以我很喜歡和孩子們共讀陳致元的繪本。比如說，有一位孩子的手上有一大片深墨綠的胎記，從左手的五隻手指頭開始，像洪水般占據整個手背一直到背後，夏天時穿著短袖背心，孩子總是要求要去洗手，在洗手間待了好久都不出來，直到我進去找他，他才說：「我的手髒髒的洗不乾淨。」

於是我花了好長一段時間告訴這個孩子，那是媽媽為了心愛的寶貝特地留下的記號。還講了許多小朋友走失的故事，跟孩子說：「如果哪天媽媽在市場找不到你，只要跟大家說：『我的寶貝左手上有媽媽的綠色印章。』一下子就會找到你了。」

每次見面時，我就問孩子：「哈囉，你的媽媽印章在哪裡啊！」只見孩子舉起左手，展開笑顏：「在這裡啊！」

這個孩子很聰明，明明是個小男孩，心思卻極為細膩。哥哥、姊姊愛跟他開玩笑，總說他是垃圾車上掉下來的，因為媽媽去倒垃圾時才撿到他。如此誇張的玩笑話，大班的孩子卻深深相信，然後從生活中發現了許多「證明自己不一樣」的證據，開始覺得自己好像真的是被媽媽撿到的。

「媽媽應該也愛哥哥跟姊姊啊，為什麼他們手上沒有媽媽印章呢？而且哥哥跟姊姊的眼睛只有黑色跟白色，我的眼睛還有灰灰的顏色；媽媽為什麼只幫我擦香香的痱子粉，是不是因為垃圾車裡很臭……」

我摸摸孩子的頭問：「親愛的，你忘了《Guji-Guji》裡的鱷魚鴨『Guji-Guji』了嗎？」

其實聽著孩子的問題，我忽然間也想問問陳致元：鱷魚鴨「Guji-Guji」難道不會有這樣的問題嗎？

一顆滾進鴨巢裡的鱷魚蛋，在鴨媽媽「一視同仁」的對待下，跟著小鴨子一起出生了。明明長得完全不一樣，鴨媽媽還是把牠當成自己的孩子，一起划水、跳水、走路，所有的鴨子從來都不認為牠們有什麼不同。

「Guji-Guji」一直覺得自己是隻鴨子，直到遇到和牠長得一樣的鱷魚。牠開始懷疑自己，遊走在「相信」與「不相信」的兩端，最後牠認定自己是一隻不凶惡卻很勇敢、強壯的「鱷魚鴨」，帶領鴨群打跑了壞鱷魚。

看著封面上「Guji-Guji」的字樣，孩子不知道怎麼讀音，封面和大部分的圖畫書不太一樣，孩子讀不出「Guji-Guji」的音，我也刻意不回答，只是叫孩子試著去感覺封面要傳達的是什麼。

「像巫婆的魔鏡。」其中一位孩子指著封面上的橢圓圖形。

「像……」另一位孩子從我手中接過書，將書翻開，連同封底一起看：「像獎狀一樣的東西，可是又不是獎狀。」

我只是笑而不答，讓孩子自由摸索手中的書，同時也讓他們的想像力在書中穿梭。或許在孩子的眼中，我這個老師從來就不知道什麼叫「正確答案」吧！因為每次閱讀都是一場自我探索，總覺得由我告訴孩子「你是誰」，還不如讓孩子自己發現「我是誰」來得深刻。

「這個有一點像獎狀。」小小的食指在封面的邊框移動著：「這裡好像在告訴我們，他發生過什麼事。」他翻過封底一連串奇怪的文字。

「獎狀可能是鴨子給的。」線索似乎愈來愈多，孩子發現自己的答案愈來愈合理。

「這個就是在講他，他就是他。」孩子忽然興奮地說：「後面的字是鴨子話，在說他是從哪裡出生的。老師，真的，我也有，上面有我還是小baby的手印跟腳印，媽媽說我們家的小孩都有，所以這個那個，跟我一樣的那個。」

孩子的語言有點怪，但怪得挺有道理的，他們認為封面上的圖是鱷魚的「出生證明」。

無論是鴨子頒發的獎狀，還是鱷魚的出生證明，都隱藏著包容與自我認可的涵義。鴨子獎狀象徵包容，不管Guji-Guji是

從最遠方的人、中間的鱷魚，到最鮮明的鴨子與 Guji-Guji，一年級的宏如用圖畫出生命裡的層次。人可怕，鱷魚兇猛，但是最危險的是長在自己嘴裡的尖牙，也最容易傷害身邊的親人，所以在其他鴨兄弟的加油下，請鴨媽媽幫牠拔掉。

誰，牠都有資格拿一張「鴨子獎狀」；鱷魚的出生證明決定了自己是什麼身分，雖然長得明明和鴨子不一樣，卻由鴨子「壓印」，認證牠是一隻長得像鱷魚的鴨子。

翻開故事，一顆蛋滾進了鴨巢……，故事發展到所有的小鴨子和Guji-Guji都出生了。問孩子們：「Guji-Guji和小鴨子長得不一樣，鴨媽媽還會愛牠嗎？」

一個成熟的孩子很快回答：「會啊！因為我和哥哥不一樣，可是我媽媽也一樣愛我們。」

聽到這個答案，我心裡有些高興。至少這孩子的心不會感到漂泊與不安，因媽媽在身旁而感到安定。

故事結束後，我們重新回到書裡的畫面：在湖邊看著湖面思考自己到底是鴨子還是鱷魚的Guji-Guji。要孩子忘記書中的結局，好好想想：如果自己是Guji-Guji，會選擇當鴨子還是鱷魚呢？

一個孩子說：「老師，我會當鴨子，然後會跟其他的鴨子搬家，因為本來住的地方出現比鱷魚還可怕的人類。」

圖中的鱷魚被拔了牙：「牠想當鴨子，可是牙齒太可怕了，就請鴨媽媽幫牠拔掉。」

只有一個小女孩說：「牠要當回鱷魚，這樣才能保護牠的鴨子媽媽。」

我相信，這些孩子們在為Guji-Guji做身分認定的同時也是在為自己的身分定位——是冒險家、還是保護者？孩子們的回答，都隱藏著一部分的自己。

下課時，孩子走到我身邊：「老師，我是我媽媽生的。雖然Guji-Guji跟小鴨子長得不一樣，可是蛋一樣都是在鴨媽媽的屁股下裂掉的，所以都是鴨媽媽生的。」

我蹲下身子，抱了抱這個孩子。離開時，這孩子用了我從來不曾見過的笑容，揮動著他的「媽媽印章」跟我說再見。

我相信在多年之後，這個孩子能夠對哥哥、姊姊的玩笑釋懷，也會學習到什麼叫做「胎記」，會明白什麼叫「染色體分配不均」……但至少現在，我很高興他學會相信自己，相信那個即使和別人不一樣、卻依然獨特的自己。

Part 2

「玩」出孩子的創造力

遊戲是孩子成長過程中的日常，
更是培養創意思維與想像力的重要途徑。
我們的陪伴和參與，會在他們的心靈世界種下創造力的種子，
為孩子的故事鋪陳無限可能。

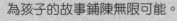

Chapter 8

在聲音裡遊戲

一知道有個小生命在我肚子裡，我開始有了「自言自語」的症狀，有什麼事就拍拍肚子，跟小傢伙「溝通」一下。就這樣，我一路自說自話直到約懷孕十五、六週後，又加入了「為愛朗讀」的活動，每天都從書架上選一本繪本讀給肚子裡的寶寶聽。隨著寶寶的聽覺建立，可以聽見媽媽說話時聲帶發聲的聲音，加上愈來愈明顯的胎動，從像隻小魚在肚子裡吐泡泡，到在肚子裡旋轉跳躍，更深信她在和我互動、和我一起共讀。

女兒出生後，便開啟了無止盡的哄睡、陪玩過程，無時無刻都在消耗體力、精神，還好我很會自己找樂趣，哄睡時唱兒歌，陪玩時就讀詩。

想像我們正在「爬山」，看著「平林漠漠煙如織」；想像我們正在「釣魚」，記得要「青箬笠，綠簑衣，斜風細雨不需歸」；此外，我們還可以「過盡千帆皆不是」，好好地「看船」……。每唸一首詩就告訴她：「我們現在要去……」一邊唸一邊拉著女兒的腳做出「騎腳踏車」的動作，讓她運動幫助腸子消化。妙的是，唸起詩詞，幾乎不太會聽見她哭鬧聲，反而乖巧好帶，除非是唸到某幾首會出現「例外」。

岳飛的〈滿江紅〉是其中一首。本來我是要讓她感受一下「慷慨激昂」的「詞境」，沒想到「怒髮衝冠，憑欄……」前三句還沒唸完，她居然扁嘴大哭給我看。我連忙換一首，咦？停了！一方面理性地分析，覺得她本來就哭不久，應該是時間點太剛好了。一方面又好奇，她是不是聽得懂？一試再試，一連試了好幾次，發現真的每到「怒髮衝冠」就上演川劇變臉秀。同樣的事發生太多次，第一次，叫意外；第二次，叫巧合；但是超過三次，我不得不懷疑，這個小傢伙是否也在腦海中編選自己的「詩詞選」了。

繼拒絕岳飛後，辛棄疾的〈水調歌頭〉成了下一個目標，高樹都來不及變鳴禽，她就要求我要換首了。月齡還小的她，好像很喜歡「看星星」和「賞月亮」，因為不時會在「日月星辰伴我眠」跟「山近月遠覺月小」中微微偷笑。我不禁感到疑惑，畢竟新生兒的字典裡是沒有「表情」的……，還是其實是因為星星和月亮讓床母「想家」了，所以藉著女兒來微笑呢？

隨著寶寶漸長，寶寶和媽媽要做的功課也變多了，像是「Tummy Time」對寶寶來說是一項重要的練習。透過練習「趴撐抬頭」，除了可以訓練肩頸肌肉、刺激眼球控制、促進腸胃蠕動外，還能減少「嬰兒猝死症」的風險。

剛開始看女兒趴撐會覺得認真的她好可愛，漸漸的她會累，媽媽會放空，得找點其他事來吸引兩個人的注意，這時利用玩偶、玩具和寶寶互動是一個選擇，但是我更常趁著這個機會拿一本繪本放在女兒面前，讀給她聽。

最初和幼幼兒共讀時，我特別喜歡選一些文字像詩歌般富有節奏的繪本，透過語調以及藏在文字中的旋律，一次次撥動孩子的心弦，有時甚至會請家人用臺語、客語讀繪本給她聽，讓她在同一本書中，有不同的體會，當然媽媽也能藉機小小休息一會兒。

爸爸一定要試著參與親子共讀，他們天外飛來的奇想，常常像另一個孩子，無厘頭地打破常規，孩子在共讀過程會覺得更為驚喜，對未來可能遇到的一切新事物，更容易抱著一顆好奇、新鮮的心去接受。

書架上的《變色鳥》，是一本我從懷孕時期讀到孩子出生的書。我很喜歡它輕快的文字節奏，在反覆中帶著變化；它的內頁插圖從原先的灰白，逐漸加入一些顏色，而後變黑，最後又變成彩色，黑白與彩色的轉換，特別適合正在發展視力的嬰兒。

有次我請先生讀給女兒聽，剛開始先生就像小學生讀課本一樣，邊唸邊落字，一直「落」到原文本來是「白鳥有了紅羽毛、黃羽毛，又去吃了藍果子。好香好脆啊！」他讀完：「白鳥有了紅羽毛、黃羽毛。」又很自然跳接成：「妳也有黃羽毛，因為妳是黃毛丫頭。」先生誇張的「落字讀法」加上專屬於女兒的詮釋，笑翻了在一旁「監工」的我。

白鳥吃多了有顏色的果子，變成了黑鳥，開口就能唱出彩色的歌曲。先生讀到：「黃色的音符往下撒，讓大地開了許多黃花。」又低頭對著女兒說：「妳就是黃花閨女。」以為最好笑的不過如此，沒想到讀完：「藍天下的大地，有紅花，有黃花，有綠綠的樹林，有彩色的遠山，看起來比什麼都美麗！」他竟然用認真的口吻說：「沒有！」正當我心裡一驚時，他看著女兒：「妳比較美麗！」欸，有沒有必要這麼「撩」呀！我還在看著呢！

等到女兒來到對環境感到好奇的年紀，她開始會翻、會滾、會爬，就是靜不下來，看到什麼都抓進口中，真覺得那個在「Tummy Time」安靜讀書的她根本是閱讀資優生，但同時，我們這時候才開始「真正的」親子共讀，不是媽媽陪孩子，也不是爸爸陪孩子，而是「全家一起」。

讓先生讀繪本，女兒坐在我腳上，隨著書中內容前傾、後仰、震動，這大概是她最早認識的「虛擬實境」了吧！和好動的幼幼兒「共讀」，其實就是一種表演遊戲，陪讀的大人們，要更投入，因為透過我們「讀」書的表情或動作，可以讓孩子感受聲音裡的「情緒」，喚起他們的感覺。比起讀了什麼內容，全家一起共讀的過程更重要，更能在孩子的心裡種下一顆「閱讀好好玩」的種子。

和大部分的寶寶相比，女兒的玩具不多，但是她很懂得「自己玩耍」，例如可以自己探索整張床而不感無聊，通常她一抬頭，就會看到我坐在她身邊看書。

或許是從小聽著我們讀繪本、眼睛張開媽媽就在看書的關係，女兒學爬後，只要被她看見我在翻書，她整個人會像個指北針般快速轉圈，轉往書架的方向。有次我故意在離她最遠的位置，拿著書假裝不理她：「哇！是《變色鳥》耶！」自顧自地讀：「灰色的天空有白雲，……」只見她一眨眼就快速轉向我，接著一邊尖叫，一邊蹬著小短腿爬上我盤著的雙腿，一等到我把她抱正，她馬上伸手拿起書，先是想辦法把書翻開，再來是拿書上下晃動著，學我帶她看書時表演過的「鳥鳥飛」的

「特效」。嗯，終於不是把書當固齒器了。

我沒辦法確定，在她記憶裡，書到底是「書」還是「玩具」，但至少在女兒可以獨立閱讀之前，我希望她可以養成「翻書」的習慣，不論是翻菜單、翻婚紗照、翻繪本……，只要有「翻」這個動作都好，只要我繼續陪著她，她就有機會在書頁聲中，翻找出自己的快樂與興趣。

Chapter 9

無法預料的快樂

守護在孩子身邊的我們，能夠陪著孩子去發現各種可能，然後協助他們找到方法、找到證據，學會相信自己，學會享受生活，學會珍惜我們所經歷過的所有痕跡，這大概是我能夠想像出來的，做為一個媽媽、一個老師、一個大人所能做的最有趣又最有意思的事。

喜歡畫畫、喜歡在圖像裡說故事的我，習慣在上課前準備好多生動的道具，等在教室裡，用顏色製造驚奇來迎接孩子。

大部分的小小孩都很熱情，對於我準備的手工書、筆記書、彩繪蛋充滿好奇，展示作品時，一定會問清楚製作方法，接著提出還有哪些材料可以使用，以及他們在學校試過什麼方法、「巧虎」裡教過些什麼，可是還沒畫過。只是我更喜歡「拋開」所謂畫圖的「技術」，和孩子們一起，在地上打滾，用身體畫圖，單純地把畫圖當作享受。

孩子窩在大片牆壁的一角說：「老師，我現在是在畫石頭。」然後跳到牆壁中間，展開成大字形：「碰，石頭擋到路，被工人炸開來了。」

這時大大的牆是畫紙，一個個在牆壁前的孩子是一枝枝畫筆，畫出所有他們說出來、以及還沒說出來的「話」。

我回想起過去和孩子一起度過的時光——有時我們坐在一起玩著手中的橡皮筋，將橡皮筋拉成三角型。孩子會說：「老師，這是7-11的御飯糰。」

有時候，我們一起撿拾落葉，穿過一小段路，享受一陣清風、一小片溫暖酥麻的陽光，然後將各種葉子擺在原木地板上，幫葉子變身。

「看，我在畫蠟筆小新的眉毛。」

「我畫的是電視裡古代的雨傘。」

有些孩子會將葉子擺在自己身上：「老師妳看，我跟媽媽一樣有漂亮的別針耶！」

除了出遊等著一起拍合照做紀念之外，已成為大人的我們，還有多少時間會在牆壁前跳來跳去，畫一幅無法複製的圖呢？看到孩子在玩橡皮筋時，除了大聲尖叫：「啊！那有毒！」收走孩子手中的橡皮筋外，好像也忘記了，當我們都還是小小孩的時候，也曾跟「橡皮筋朋友」一起度過一段快樂的遊戲時光。

跟牆壁、橡皮筋比起來，葉子算是幸運的，因為葉子不會讓孩子又叫又跳，做出失宜的舉動，也不太會有機會讓媽媽尖叫，還可以用來幫孩子做美術作業。

只是，這些都是「大人的認為」。

小小的孩子，雖然只面對一片簡單的葉子，他們也有千百種玩法。他們會將葉子舉得高高的、再丟下，在葉子飄落前努力地用小嘴吹氣，比賽看誰能讓葉子最晚掉落；他們也會將葉子掃得滿天飛舞，再用小腳一片片的將它們踩落……

孩子的一切，都像是一顆顆小種子，有一天，它們可能會隨著流水流向無涯的世界，但我們也有機會將它們握在手心裡，悉心呵護，等待屬於孩子的夢想發芽。

問問孩子，除了看電視、打電動之外，什麼時候是最快樂的時候？

「不用寫作業。」

唉，當「現代孩子」真的很辛苦。常常有大班的孩子跟我報告：「老師，我今天有五項回家作業喔，我寫完三項了，剩下兩項回家再寫。」

「和同學一起玩鬼抓人。」

這是孩子之間最「熱門」的遊戲，還延伸出「牆壁鬼」、「閃電嗶嗶」等遊戲。

「做媽媽喜歡的事。」什麼！為什麼自己最快樂的時候，竟然是做媽媽喜歡的事呢？我問孩子：「媽媽喜歡什麼事呢？」

「媽媽喜歡我唸英文，我就會唸英文；她也喜歡我把作業寫得很整齊，只要我做媽媽喜歡的事，媽媽就會對我笑瞇瞇的，這樣我就會很快樂。」

我愣了一下，這孩子的年紀這麼小，身為大人的我，都還不曾因為「別人喜歡某件事」就去做那件事，所有的一切都是因為「我喜歡」。那麼究竟「我喜歡」和「別人喜歡」之間，哪一種人比較快樂呢？

「我最快樂的時候，就是畫我喜歡的圖。」忽然珍惜起我可以這樣自由地享受「我喜歡」，忍不住快樂地和孩子分享。孩子蹲在我面前搖搖手指說：「哈哈……老師，妳少說了一樣啦！妳還喜歡講故事啊！」

所以，我改了答案：「我喜歡邊畫圖、邊講故事。」

這不算因為孩子喜歡就去做的事喔！因為我真的喜歡，而且在「做」的過程中覺得很幸福。我告訴孩子，我們整個身體都可以用來畫圖，連嘴巴也都可以吹出一幅好圖。

「老師，這樣吹嗎？」孩子示範著吹的動作：「這樣會很累耶！」

「這樣……應該練吹畫的人，會喜歡運動吧！常常運動就比較不會覺得累。」

另一個孩子尷尬地看著我：「老師，在吹畫前，一定要先刷牙，不然不小心把口水吹到紙上，圖就會變臭臭的了。」

「哈哈，這就是為什麼大部分的人都用手畫圖了。」對於接下來要進行的活動，我的笑容裡帶有些心機：「而且手很重要喔！很多時候要蓋章表示負責任，比如說：學校有聯絡簿，要拿回家給媽媽、爸爸看，看完以後要簽名、蓋章。除了印章以外還可以蓋手印喔！」

發下白色圖畫紙：「現在也要你們蓋印章，要想清楚喔！在創作坊這個學校啊，想要得到多少快樂，就蓋多少手指印上去，任何顏色都可以。可是，要記住這份『合約書』是直的，不可以蓋橫的喔！」

孩子們開心地沾滿印泥，壓印在雪白的紙上。每壓一個指印，都是孩子想要在這個地方得到快樂的決心，也是對教室的信任。等到孩子完成「合約書」後，要孩子拿起筆為指印化妝。孩子好奇的問：「老師，妳不是說這是快樂的合約書嗎？為什麼還要畫圖？」

「嘿嘿，別忘了，老師剛剛說過，我最喜歡做什麼事？」

「畫圖啊！」

「對啊！所以我們的『合約書』也要像一張圖啊，不然我會看不懂耶！」

「啊，老師，妳不早跟我們說，這是指印畫嘛！」孩子想起學校也有上過類似的課：「如果妳先跟我講，我就可以邊蓋章邊想要畫什麼了！」

在大班彥融的眼裡，獅子不一定是可怕、遙遠的，也可能是像卡通一樣有趣的。

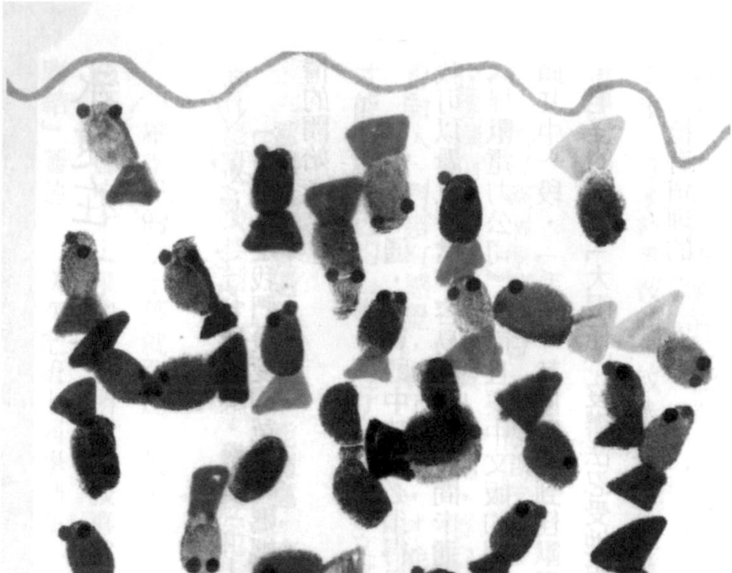

滿滿的指印，是明庭得到快樂的印記，零亂的指印變成一隻隻悠遊在海底的小魚了，更有種不受拘束的自在感。

「哈哈，就是要事先不知道，才會有趣嘛！接下來，我知道你們一定有辦法的！」

比起早就知道遊戲規則，完全無法預料事態進展所帶來的快樂和驚喜，往往還要有趣多了。

就像陪伴孩子成長一樣，很容易因為對他們的期待而給予許多安排和要求，將成長套上了「大人的規則」，然而，每個孩子都有自己的成長步調，裡頭藏著孩子獨特的個性、喜好，我們最需要做的事是「靜靜陪伴」，當我們這樣做時，就會發現，過程中最值得回憶的，恰好是那些「不按牌理出牌」、「不守規則」的行為和思維，例如孩子突然抓著小狗飼料放進口中，或是對著大樹、小狗叫媽媽，這些讓人哭笑不得的點滴瞬間，也成了專屬爸媽和老師們「無法預料的快樂」。

Chapter 10

永遠在一起

「名字」是父母送給我們的「第一份禮物」，也是所有親情羈絆的開始。

我很愛看卡通，就算國中時期必須得早早起床，我還是甘之如飴，因為早起，才能看見平常不容易看到的晨間卡通。所有卡通裡我最喜歡中文版的《怪獸電力公司》，連大學通識課我都以此做為報告主題。其中有一幕是，「毛怪」替被綁架到怪獸電力公司的人類小孩取名叫「阿布」，這時毛怪的拍擋「大眼仔」受不了地對毛怪說：「取了名字就會有感情的。」

我很喜歡這一幕，也覺得這句話挺有道理的。

寶寶出生前，爸媽透過想像幫他們取胎名，建立感情、與之互動；寶寶出生後，在還不知道他的個性以前，為他命名。然後在生活中一點一滴發現，原來孩子的性情常常和名字一樣。剛認識一個人，也是先從名字開始。若一起經歷了許多事，逐漸熟悉彼此，便有了連結與羈絆。倒著看、正著看，怎樣都覺得大眼仔說的話可以列為「名人金句」了。

所以我整個學期都會一直詢問孩子，同學的名字或創作坊老師的名字，因為我深信，只有先學會與人連結，從自己開始用心記得身旁的每一個人，孩子才會對人、對事有深刻的感覺，有了感覺，才能珍惜所有經歷過的人事物，有一天長大了，便能透過感謝、透過分享，真實地面對、揭露自己的情緒，進而寫好作文，在文字裡找到生命的出口。

當然，也會遇到孩子不能適應環境，請媽媽打電話到教室要求轉班的情況。只是，不論轉到什麼班、成長到什麼年紀，學習「和人連結」，都是生命裡最重要的功課。

剛學習創作的小小孩就像是一張未上顏色的圖畫紙，成為什麼顏色、成為什麼樣的孩子，都由大人來決定。所以，我喜歡把「識人」當成遊戲，慢慢替孩子的「人際連結」著色。一次次把班上同學刻在心上，久了，孩子不只記得班上的同學、老師，連試聽的孩子、補課的學生，甚至同學家的兄弟姊妹，他們都牢記著，把每個人都當成永遠的好朋友。

上課時，他們會比老師還先點名看誰還沒到，會好奇怎麼補課的同學沒來、試聽的同學沒到，並且爭相提問：「老師，語庭今天怎麼沒有來？」

「語庭上的是星期六的班，星期六有事，才會到星期二來補課。」

「喔，語庭是客人，我們是主人。」

我們開始討論起主人是什麼、客人是什麼，以及主人、客人應該做些什麼？這之後，只要任何孩子到班上補課時，孩子總是熱情地「盡」主人的職責，照顧每位客人。下課時還會聽見孩子們互相問：「你覺得今天好玩嗎？那改天要再來喔！」

孩子們記得同學的姊姊名字，又發現試聽孩子的名字有同樣的字，等不到新同學到來時會問：「羽薇，你弟弟凱威怎麼沒來？」

被問的羽薇認真地澄清：「凱伶是我姊姊，可是，凱威不是我弟弟。」

孩子的記憶是很可怕的，他們可以在短時間記得名字字數多達九個字的遲到大王、以前讀過的繪本作者，也在記憶中為兩位名字中擁有「凱」字的同學身分劃上等號。

在創作坊，我們希望孩子喜歡自己、尊重自己，同時也喜歡這個團體、尊重這個團體。無論任何班別，我們的教學理念一向同步；課程進度也堅持著同樣的步調。

學期一開始，為了讓孩子們熟悉自己、認同自己，對自己有不一樣的解讀和期許，所以讓孩子寫〈我的名字〉，大的孩子因為識得的字夠多了，要他們為自己的名字做解讀，常常都是按照字面翻譯，偶爾才會與自己的感覺做連結；幼小的孩子還在學字的階段，既存在著學習新字義的刺激，還有本身尚未

孩子把自己的名字藏在老師寫的大字裡，找一找，找到什麼了嗎？閔淳可是說，他的「隱字術」比忍者的隱身術厲害多囉！哈！大人好像永遠無法理解孩子腦袋的構造。

褪去的圖像敏銳度，讓他們畫出自己名字的聯想，個個內容精彩豐富；而不會寫字的孩子，他們把一切當成是一場好玩的拼「圖」遊戲，拆解自己的名字元素，為自己的名字畫一幅圖。

我們在白板上，分解並畫出和孩子作文簿一樣大的字，每畫一個部首，就讓孩子猜一猜到底這是什麼？可以變成什麼？對於不懂得「字」是由「圖像」建構出來的孩子，這個遊戲對他們來講更加得心應手。猜到最後，白板上出現這五個字：「約翰．伯寧罕」。

孩子很聰明，唸幾遍之後他們發現，這個名字跟課堂上看的繪本作者一樣。他們猜：「老師，這是新朋友嗎？我們這學期，是不是都要讀他畫的書？」

好準，用「猜」來豐富自己的人生，是最好玩的一件事了。

把「約翰．伯寧罕」的名字，大大地寫在白板上，畫出框線，讓孩子好像有一張「幾乎被名字占滿的圖畫紙」的感覺，和事先幫孩子留在作文簿裡的大字一樣。接著，在白板上寫出所有孩子的名字，讓孩子看著自己的名字玩「拆字」遊戲，將字拆開後，孩子的眼睛裡又只剩下圖，就這樣結合「拆字」和「圖像象徵」，把自己的名字穿過約翰．伯寧罕這五個字，畫在大字縫隙中。

才大班年紀的彥緯，在作文簿裡畫了一棵又高又大的樹：「老師，我的李有木，會長得很高很大，這就表示我以後也會長得很高唷！」

一年級的檸嘉高興地跟我說：「老師，我的名字和約翰．伯寧罕一起跳舞耶！」

連平常乖巧安靜的祐謙也對我眨眨眼睛：「老師，我躲在約翰．伯寧罕的身體裡面，這樣玩躲貓貓，妳就找不到我了。」

小小的孩子，雖然還比不上低幼孩子，可以把自己的名字編織成一個充滿童趣的故事；也不像大孩子，可以對自己的名字有更深一層的聯想與見解；但是，他們擁有這種能力，運用他們的語言及他們的圖畫，把所有大人拉進他們構想的世界裡，這反而是較大的孩子逐漸退化的「超能力」。

孩子的想像力與表達力，像一顆顆小種子一樣，就算目前還被埋在土裡，看不見鮮豔的花朵，也還沒辦法成為高壯的大樹，但是這些文學小種子會在孩子體內萌芽、生根，緊緊的抓住土裡的養分，最後以最美的姿態破土而出，而這份美好的感覺，會因為我們的種植，和孩子永遠在一起。

Chapter 11

亂畫

看著手中收回的圖畫紙，發現現在的孩子畫的圖愈來愈漂亮、精緻，畫面裡有好多的「技巧」，又推又刮，還有孩子會跟我說：「老師，我其實比較喜歡用彩色筆畫圖，不過，蠟筆可以混色，畫出來的效果比較好。」

天啊！回想當初相同年紀的我，只知道畫圖很好玩而已，尤其是畫在大大的牆壁上最好玩了。如果可以站在上鋪畫著天花板，睡覺時還能看著自己的圖入睡更棒。每一天，只要拿起筆畫畫，腦袋裡想著要畫這個、畫那個，就是從來沒想過要有什麼「效果」。

我心想暗想：難怪我沒辦法考美術系。可是，當大家都想要提早追求「效果」、掌握「成果」時，我們能夠自由而快樂長大的時間，是不是也因為這樣變少了？

為了打破關於「效果」和「成果」的迷思，上課時，我發給每位孩子一張大大的壁報紙，要孩子在上頭「亂畫」。在所有孩子不相信的眼神中，肯定地向他們點點頭：「沒錯，就是亂畫！而且絕對不能讓人看得懂。」

看著每次一見到題目，就可以不加思索畫出美麗圖畫的孩子們，露出苦惱的表情，皺著眉頭問：「老師，亂畫，到底是要畫什麼啊？」

我做出一臉「不負責任」的樣子，聳聳肩說：「嘿！既然是亂畫，我怎麼會知道你要畫什麼呢？」

偷偷注意著這些孩子，不是手撐著下巴眼睛望著天花板，就是離開座位繞著所有的孩子走來走去，要不然，就躺在原木地板上滾過來滾過去。每個孩子都像是被豢養在層層圍牆裡的小鳥，所見的只是眼前金碧輝煌的建築，離開華麗的牢籠後，便失去最初自由飛翔的本能，已然忘了初生的時候，只要揮動翅膀便能翱翔天際。

有一個孩子開始嘗試在紙上塗著顏色，上色後，又不是很放心地跑到我身邊問：「老師，我這樣畫，對不對？」

從來沒想過畫圖還有「對不對」的顧慮，在我的腦海中，圖畫就是想畫什麼就畫什麼，最好是能夠弄得髒兮兮的，享受顏色在手中流動的感覺。

把畫紙還給孩子說：「你忘記了嗎？我們這邊是『自己想』教室，而且啊！題目是『亂畫』耶！當然可以想寫什麼就寫，想畫什麼就畫。」

孩子苦著臉走回位子，再拿起另一個顏色往上塗，再一次、兩次、三次……。一段時間後，孩子似乎開始「習慣」亂畫了。愈畫，笑臉愈多，還開始比賽誰畫得比較亂。

「哈哈，我看得出來，你這樣是在畫水，是很深很深的海水，所以有藍藍、也有黑黑的。」孩子們互相檢查，是不是有人偷偷把圖藏在亂畫裡。

「才不是呢！你才在畫太陽，都是紅紅的。」

「沒有，我還有黑黑的，不是畫太陽。」

「看太陽看很久，就會黑黑的啊！」

「我還有紫色耶！」被「指正」的孩子，努力找出被認為是「太陽圖」的不合理之處。

「下午啊！我跟我媽媽去台南的海邊，也有看到這樣子的太陽。」

我心想，那應該是黃昏的夕陽吧！

正當兩個孩子「討論」不休時，另一個孩子大喊著：「我亂畫完了！」

然後，開始接受檢查。

「我知道你在畫什麼，是雲霄飛車，飛很快，所以顏色都看不清楚了。」

受檢查的孩子伸長著手畫著大圓：「沒有，我是在亂畫耶！」

「這不是雲霄飛車，這是會動的水啦！」另一個孩子也有

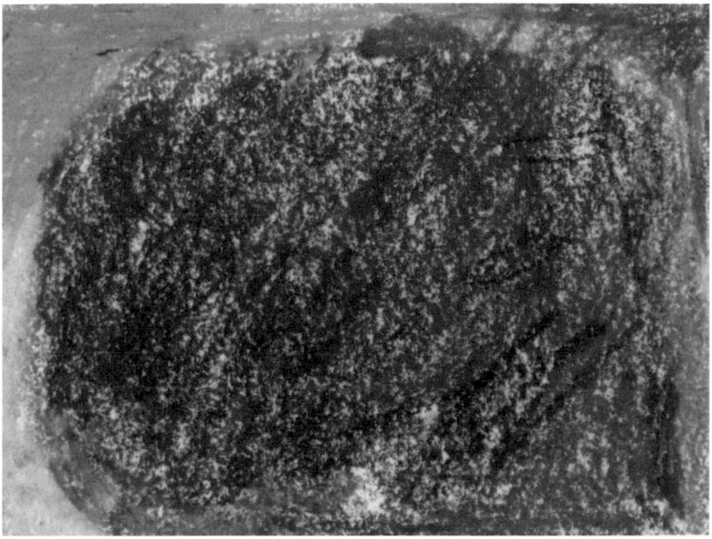

看似沒有意思的顏色，在嘉薇的眼中，是一群正在排隊上「彩虹班」的顏色呢！

著自己的見解：「水一直動，所以水裡的東西就會跟著一直動，才會看不清楚。」

孩子們圍在一塊兒一人一句的討論著，我這個讓他們傷透腦筋的「壞人」，就在一旁聽著一個個發生在「亂畫」裡的小故事。

等到所有孩子都完成「亂畫」的作品後，我又出了一個「不人道」的難題，要孩子找出藏在顏色背後的故事。

「啊，老師，妳不是說要亂畫嗎？亂畫，怎麼可能會有故事？」

「咦，你們剛剛就講了很多故事啊！」隨手拿起之前孩子們認為的「太陽圖」，順著孩子的想像繼續說：「我就覺得這個好像一隻好大好大的金烏鴉，只要太陽一出來，就會躲在太陽光裡，然後，四處帶給大家希望，所以只要是充滿希望的人身上，看起來都好像有亮亮的感覺。」

講完，對著孩子眨眨眼：「剛剛你們講過的都不能再講囉！要重新想別的故事。」

畫著螺旋紋的孩子說：「老師，這是壞巫婆的魔鏡，因為巫婆太壞了，魔鏡是好的，它就會把鏡子弄得亂七八糟，讓壞巫婆看不懂。」

被以為是「深海圖」的孩子，把畫紙放在頭頂上打轉，搶著說：「老師，天空上的雲小孩在玩遊戲，他們跳來跳去，還有打鼓、玩ㄎㄧㄤ、ㄎㄧㄤ、ㄎㄧㄤ的那個（哈哈，孩子們指的是ㄎㄧㄤ、ㄎㄧㄤ、ㄎㄧㄤ的鈸啦！），所以會有這麼多顏色，等一下那些聲音會變成彩虹。」

聲音變成彩虹，多棒的畫面啊！

看著這些孩子被顏色層層擁抱，泡在裡頭尋找一個比一個還更動人的故事，就好像那些原本被養在皇宮裡的小鳥，正逐漸飛向更大的世界。

「好棒的故事喔！接下來我們要玩故事拼圖，有玩過拼圖吧？現在就要用手邊的圖，通通合起來變成一個『大家的故事』哦！」

將手上的剪刀、膠水和一張更大的壁報紙發給孩子，要孩子自行裁剪、共同拼貼成一幅「大圖輸出」的海報。

小小孩的心臟，好像真的比較夠力，慘叫幾聲後，發現我根本不理他們，還催他們趕快想、趕快動手，只好接受「殘酷」的現實。遇到捨不得「貢獻」圖的孩子，還會想辦法去說服：「你的顏色可以當大樹耶，好嗎？」

孩子搖搖頭，另一個孩子又試：「那你想當什麼，小船好嗎？可以划很遠，到處去探險喔！」

試了又試，孩子還是不肯，所有孩子只好改變策略，更改圖畫的配置，等這張海報接近完成品時，原先不肯拿出圖的孩子，把不知道何時剪好的圖推到大家面前：「我要當老鷹。」

孩子們驚喜的找出位置，讓老鷹飛在天空中。

我們把共同創作的圖貼在白板上。一顆顆小頭趴在白板前看著自己的創作。忽然，有個聲音說：「老師，這個好像艾瑞．卡爾的書喔！」

一層一層的顏色與剪貼，嗯，還真有點像呢！

「啊，老師，原來艾瑞．卡爾的書都是亂畫出來的喔！」

哈哈哈哈，艾瑞．卡爾，您說是嗎？

Chapter 12

怪獸來了！

國中時期，正好是故宮第一次邀請法國羅浮宮來台舉辦國際畫展的時候，身處於高壓的私立學校，日子都被週考、月考給填滿，但為了讓我們有更多的「生活常識」來面對當時的聯考，老師們也只好從忙碌的日子中抽出「寶貴的一天」，帶我們去看展覽。

縱使是非假日時段，看畫展的人還是多到只能站在遠方觀望，一邊數著有黑有白、有灰有黃的人頭，才能欣賞到畫。就連離開展覽區，也不是基於自由意願，而是因為每個人都在往前進，任何人都只能隨著「人潮」往前「流」。

直到回到展示既有文物的故宮展區，大大的空間，少少的人，這時才能好好地仔細欣賞每件作品。

來到了瓷器區，其中一個器物吸引了我的目光——是一半的瓶子耶！真的是一半——對我來說，那比東坡肉、翠玉白菜還要來得有趣。那時我還因為想知道剖成一半的瓶子後方到底藏了什麼，想盡各種辦法在玻璃窗前做了各種姿勢，試圖想要看看瓶子後面，最後還因為太認真，執著到忘了自己已經快要貼在玻璃上，結果用力地向前一靠，「碰！」的一聲撞上了安全玻璃，也引來服務人員的關切。

可惜，那時一方面把自己撞到頭暈（可見有多猛烈呢！），一方面又覺得不好意思，也忘了問瓶子後頭的真相。

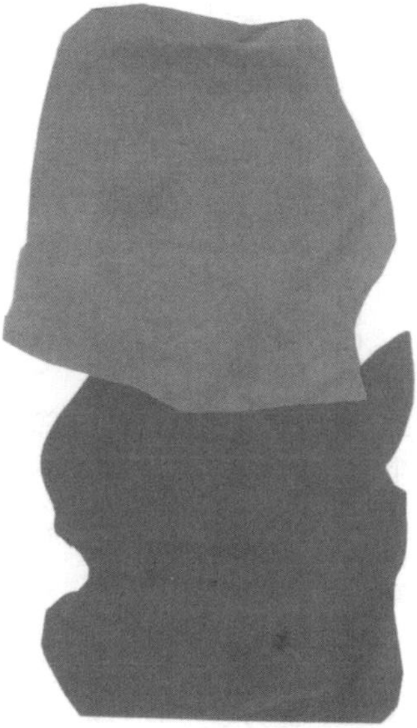

猜猜看，這張圖是什麼？背後又藏著些什麼？

這段回憶，直到看了侯維玲的童話《鳥人七號》，才又浮出記憶海面。畫前人來人往，畫面上都是不講話、不聊天的人，那麼畫的背後，到底是什麼呢？

這個答案，最後是由一個翹著粉橘色鳥嘴、有著彩虹般顏色翅膀，長得有點像人，但又和人類很不一樣的小男孩——鳥人七號——給找出來。故事發生在夜晚的博物館，這幅被展覽的畫就叫「鳥人七號」，小男孩鳥人七號走進畫裡，越來越深入，他看到青青草原、看到他的「前身」——廢畫、半鳥和炭筆人，還看到許多被遺棄的畫作。做為一幅「被展覽的畫」，鳥人七號只能與寂靜作陪，卻在深入畫作的過程中，逐漸領悟到一個「有聲音」的世界，在裡頭交到新朋友，建立自己的城市。雖然故事的最後，鳥人七號這幅畫的主角消失在畫面上，管理畫作的倉庫管理員，還是相信鳥人七號就住在那一大片的樹林背後。

我的腦袋亂七八糟地想，難道童話作家侯維玲，也曾經因為想知道「□□的背後」到底有什麼，才會寫出這個故事嗎？

創作坊是一個很奇怪的地方，裡頭充滿著各種「巧合」的魔法，好像世界會因為我們的需要，而「恰巧」創造出我們熟悉的情境。才看完《鳥人七號》，想起在故宮做過的好笑事情，課程也剛好進行到要孩子猜猜「圖形背後是什麼」。就好像安東尼．聖艾修伯里在《小王子》一書中所出的經典謎題，一個大人都以為只是一頂帽子的圖，其實圖的背後是一隻吞下大象、必須等待六個月的時間來睡覺、消化的大蟒蛇。

在白板上，一筆畫出圓形，我要孩子們像聰明的安東尼．聖艾修伯里一樣，想一想圖形的背後可以放入哪些使大人猜不到的材料，來一個「想像力大考驗」。

「蛋黃！」

孩子的答案往往都是由「平常」到「不平常」。

「想到是蛋黃的，舉手？」我問，班上所有的孩子都舉手。我再加上「愛心叮嚀」:「再想一想，有什麼材料只有自己想得到的呢？」

「摃丸！而且要切一半看，不然就不像圓形，是球的形狀了。」

孩子的觀察很細微吧！球的形狀是立體的，不是平面的圓形，兩者是不一樣的。這樣是不是代表不能把「圓形的汽球」與「球形的汽球」混為一談了？

「老師，是蛇，抱著蛋蛋捲起來的蛇。」

「是卡通裡轉得頭昏昏的眼睛，會有一圈一圈的圓形。」

一個孩子嘟起自己的嘴說:「老師，是我的嘴巴，我在用吸管喝飲料。」

答案逐漸變得有意思，孩子為了創造出「不一樣」的答案，必須更加留意小細節的差異，對答案的描述也更為仔細。

「圓形裡還可以放什麼，長得不像圓形，可是和圓形有關係？」我在白板上的圓形裡，畫上高跟鞋:「比如說，高跟鞋啊，以前的人跳舞都要穿高跟鞋，然後穿著長長的裙子一直繞圈圈。高跟鞋畫小小的圓，裙子畫大大的圓。」

「蜜蜂。」孩子的眼睛忽然發亮:「我跟爸爸去爬山遇到蜜蜂在追我，牠在我頭上轉圈圈。」

「考試卷。」一年級的孩子開始要面對無情的考試:「一百分會有兩個圈圈。」

「螢火蟲。」

「喔，為什麼呢？」不是只有答案，我要的是答案成立的原因。

「因為……因為……」並不是每個孩子都能準確表達自己心裡的想法，但是，我希望他們能試一試。另一個孩子幫忙解釋：「螢火蟲會發光。」

「咦？可是教室的電燈也會發光啊！」我指著天花板上的燈管：「可以說，燈光讓我們有溫暖的感覺，好像大家圍在一起的時候。」

「啊，老師，被妳說走了，就不能說了啦！」孩子們緊守著「講過了不能再講」的不成文規定。在大家討論的時候，孩子有了答案：「老師，螢火蟲會發光，可是晚上黑黑的會看不到螢火蟲長什麼樣子，只看到一點一點的，好像彩色的圓形點點在飛。」

圓形的背後到底藏著什麼呢？會不會在每一個「安全的圓」背後都藏著自由、奔放、想要擺脫常規的「怪獸」，等著打破這個圓？

每一次，帶著興奮又熱情的心情，領著孩子們圍捕這些「怪獸」，卻時常感到一絲心虛，身為大人，明明是我們引領孩子們認識這個世界，但是為什麼大人們的創意、想像力，甚至視野，永遠拚不過這些孩子呢？誰叫我們懂得愈來愈多，反而把身體裡趣味橫生、無所侷限的「怪獸」，馴服成循規蹈矩好學生呢？

另一方面，當孩子們學會看「大人的圖」，慢慢達到大人們要求的同時，或許也漸漸忘了自己要的是什麼了吧！孩子心裡頭那隻隨心所欲、自由奔放的「怪獸」，漸漸退縮到內心深處，不知何時才能再被「召喚」出來。

大人們常常忽略，孩子的「畫」，其實就是他們無法用言語表達的「話」，所以我們看見的，往往只是表面而已，如同《小王子》的謎題，我們沒能看見那是一條蟒蛇，倒誤以為是一頂莫名其妙的帽子。

才大班的怡君說，只要有一枝筆，所有的願望都能實現。

或許我們該重新省視自己，學會放下成人的架子，將心打開，去細細聆聽孩子們內心深處那隻快樂的「怪獸」，保留他們獨特的想像力和創造力，讓那些自由奔放的靈感得以自由展現。孩子可以學會看懂「大人的圖」，但也別讓他們忘記自己的內心之聲，這樣的美好經驗將成為彼此珍藏的回憶，並成就了孩子們最獨特、最美麗的人生畫卷。

Chapter 13

說出我愛你

一早醒來，睜開眼睛，看見床頭放著一張「線條純樸」、充滿童心的圖，我知道這是侄兒晨晅給我的「信」。這孩子很熱情，每天都在畫畫、寫信給大家，還在每個房間前貼上自己做的「信箱」，如果信箱內累積了太多「信」，他會直接上門問：「姑姑，妳都沒收我給妳的信吼！」然後我就會在睡醒時，被他「強迫收信」。

看著他，我想起了小時候的自己。

從小我就喜歡畫畫，喜歡把顏色沾滿雙手。爸爸很寵我，就算只是亂七八糟畫著沒人看得懂的圖，他還是大手筆地買著兩百張、三百張圖畫紙，擺滿家裡每一個角落，只要拿起筆，想要畫圖時，無論走到哪都有紙。

最喜歡在大大的圖畫紙上，畫上一個比人還高的蛋糕，一台車子、一個爸爸、一個我；或者畫上一個比人還高的蛋糕，一個大大的衣櫃、一個媽媽、一個我，然後在空白處用歪歪醜醜的字寫上：「祝爸爸（媽媽）生日快樂。」或是「爸爸（媽媽）

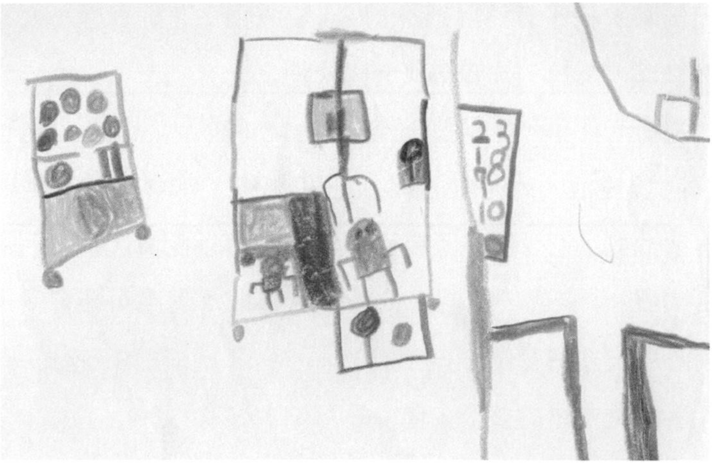

晨晅「寄」了封邀請函給我，邀請我和他一起手作扭蛋機、抓娃娃機。

我愛您。」等字樣。

明明還不到生日，卻能在一天內收到五張「生日卡」，難怪媽媽年紀才四十歲，就要對外宣稱她已經五十歲了，多的那十歲，在我還小的時候就已幫她「預先」過完。

只是，身上的熱情好像真的會隨著長大而逐年減少。本來一天五張的卡片，隨著年齡增長，產量只剩一年兩張，有時甚至只有一張；到了更大的時候，只剩下連想都不用想、也不必拿剪刀費心設計的甜言蜜語；到最後只剩下刺眼的紅包袋和一顆半溫暖的心而已。

有一位媽媽苦笑著分享她的親身經歷：某一年母親節，她終於收到孩子送她的第一朵康乃馨，當她感動到不知道該有什麼表情時，孩子竟然對她說：「妳知道嗎？花好貴喔，要花我十塊錢耶，媽媽，妳要還我十塊錢嗎？」

還有一件事，我跟孩子談到自己小時候，只要看到爸爸站在高處換燈泡，或是看著媽媽在剁雞肉，都會很擔心地在一旁，要他們小心一點，不要受傷。我講得很認真，孩子們卻笑得更大聲：「老師，他們是爸爸、媽媽耶！怎麼可能會受傷，只有小朋友才會受傷。」

看著繪本班的孩子，覺得好可怕、好心疼。

這些孩子覺得爸爸、媽媽永遠都是無所不能的超人，還是在他們的眼中，自己只能像琉璃般美麗但脆弱呢？

問問孩子，曾不曾動手畫過卡片給最愛的家人？

「當然有啊，學校老師都會叫我們畫，每次都要畫一樣的，母親節要畫、爸爸節要畫、過新年跟聖誕節也要畫。」

「對啊，而且拿回家以後，媽媽都只會留一下下，然後就會被丟去回收了。」

聽起來，孩子的寡情似乎都是從大人的不珍惜開始的。還好，我家的大人，總是把我們送的每一項看起來不值錢的手工禮物視為珍寶一樣，一件件收藏起來，我才能比同年紀的同學、朋友，擁有更多的熱情。

既然不喜歡送卡片，那想要送什麼？

小小年紀的孩子們，受到環境影響而變得「早熟」，他們眼中的禮物和想像中的愛，似乎都與金錢劃上等號：「我要送媽媽鑽石。」

「我要送爸爸按摩椅。」

「大輪船。這樣他們可以去環遊世界，家裡就不會有人叫我寫作業。」

「他們都只想要錢而已。」

什麼時候開始，在孩子的眼中，大人的感情都是用金錢堆疊起來的？

我很誠實，知道自己沒辦法一下子導正孩子的想法，所以只能分享許多孩子們孝順的故事。

用故事餵養這些孩子，讓孩子變成我們所期望的那樣。我所分享的不是離我們很遙遠的二十四孝故事，而是距離我們較近的現代人，例如經常在電視上看到的男藝人周杰倫，用專輯「葉惠美」來孝順媽媽，看似愛耍酷的他，卻有著一顆孝順的心；孩子們都認識的繪本作家陳致元，也用《想念》畫出想念媽媽的感情。

先讓孩子們動動腦、想一想，每個愛著我們的人，都是獨一無二的，在我們的眼裡、心裡，他們到底像什麼呢？

「像……鋼琴老師！」

我轉了轉眼睛問：「如果媽媽已經是老師了，那媽媽的學生會說：『老師，妳好像老師。』嗎？」

「老師，這樣說好像怪怪的耶！」

我又接著舉例：「如果我說，飛機是飛機呢？」

「老師，飛機本來就是飛機啊！」

我試著舉出更多例子：「那飛機是小鳥呢？」

「哈哈哈哈，老師妳說錯了吧，飛機很大耶，應該是大鳥才對。」

面對這群聰明的孩子，最好的辦法就是找出大量的例子，讓他們自由發現，他們就永遠不會忘記。

「那我說，飛機是一隻很大的小鳥，會吱吱吱的叫，會停在樹上餵自己的寶寶。」

「老師，飛機才不是小鳥咧！」孩子露出一付「妳都亂說」的模樣：「飛機是飛機，小鳥是小鳥，只是飛機很像小鳥一樣嘛！」

此時，孩子們回到原來的問題：「鋼琴老師本來就是老師嘛！」

我喜歡孩子一遍又一遍反覆思考，這樣答案才會深深刻在心上的。

孩子們想了想說：「老師，我爸爸像大飛機。」

「喔，因為爸爸會把你抱得高高的轉圈圈是嗎？」

可惜，這是我的聯想，不是孩子的。孩子說：「我爸爸也會把我抱高高。可是，他講話會很大聲，就像飛機一樣轟轟轟的。」

「老師，我媽媽像計程車司機。因為她每天都帶我跟姊姊一直去很多補習班，我們一上車，她就知道要去哪裡。」

「我爸爸像軟軟的床，只要躺在他的肚子上，就會睡得很舒服。」

「我的阿公像白頭髮又長鬍子的媽媽，因為，都是阿公在陪我。」

透過不斷地分享和整理，孩子們會慢慢發現，大人需要的不是物質形態的禮物，而是心靈上的滿足和彼此互相了解。接

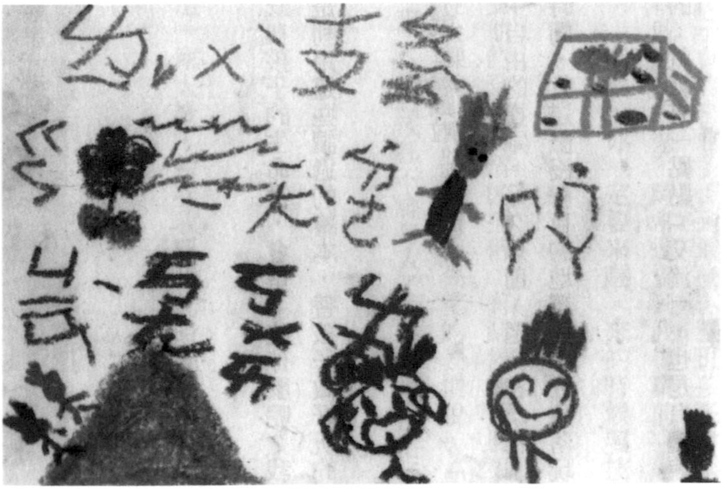

「健康快樂」是一句看似很平常的祝福，可是對閔萱來說，她要每天陪媽媽運動，扮鬼臉逗媽媽笑，這才是她送的健康快樂。

下來，他們才能精準地感覺，如果要送禮物，而且是「不用錢買的禮物」，可以送什麼呢？

教孩子做「禮物支票」，告訴孩子支票上有簽名，一定要「做得到」的禮物才可以畫成「支票」：「比如說……」

「停，老師，不要說，我知道。」

「送爸爸小小聲。因為爸爸如果說話很大聲，大家都會以為他是壞人，可是他是好人，是我爸爸。」

「送媽媽平平安安。只要我會照顧自己，媽媽就可以放心，可以慢慢騎車，不會很急、很趕，就會平平安安。」

「送阿公笑瞇瞇。我會講學校的事讓阿公笑瞇瞇，阿公笑起來臉會皺皺的，可是亮亮的，這樣阿公就會心情好。」

孩子不可能因為我講了幾個故事就澈底改變，但是，至少他們會發現金錢以外的情感與體貼。就像在上游的大石塊，得慢慢地磨、慢慢地沖、慢慢地撞擊碎裂重組，最後才變成光滑剔透的鵝卵石，可以握在手心，圓圓的、潤潤的，誰都不會被刺到手。

身為大人的我們，是不是可以「示範在前」，先主動地對孩子說愛？甚至讓每個孩子都有和我們「單獨約會」的機會，分享彼此的祕密、心情，使「愛」變成一件再簡單、再日常不過的行為，滋潤、灌溉著孩子的心靈花園。

Chapter 14

大風吹

陪孩子們看了這麼多書，到底在孩子的生命裡，會留下些什麼呢？我想任誰都沒辦法回答。但是，我能做的，就是利用這些讀過的繪本，替孩子做好玩的遊戲，訓練他們的觀察和反應。

最喜歡看著孩子從玩樂、遊戲中自由摸索。多年前，我還待在幼稚園服務時，寧可每個星期花一點點被園長責罵的時間，也要讓孩子在角落漫無目的地玩耍，然後我能從中觀察這些孩子的個性、想法以及成長狀況。

剛開始時，孩子們會各自玩各自的；就算有一點點「交流」，也頂多是彼此有禮貌地借玩具來玩；接著，一起玩「裝扮遊戲」的孩子會愈來愈多；到最後，整班孩子會組成一個有爸爸、媽媽、小孩、和親戚朋友的「家」，他們還會時常到我書桌前「敲門」，邀請我這位「鄰居」到他們家作客：「老師，妳一定要來喔，來的時候要按叮咚叮咚。」

有時候，我會去按按門鈴，享受他們全家熱情的招待；有時候會假裝失約（因為被園長約談）。他們也會在上課前，在臉上掛出失望的表情說：「老師，我們有空的時候妳沒來，現在妳如果來，我們家都不會有人了，大家都在忙了。」

忙什麼呢？上課啊！

真的很可愛吧！孩子的社會觀就這樣從「玩耍」中形成。

更有趣的是，當孩子習慣他們是一家人後，每次收玩具的時間，他們都會用來布置一個家。

「嘿！我說收玩具了，你們還在做什麼啊！」每當我一吼，孩子們就理直氣壯地說：「老師，我們在整理家裡啊！這裡是廚房，這裡是房間，還有客廳、廁所……」

看著孩子們認真地為我一一介紹他們的家時，我體認到關於「教學」最重要的一個道理，那就是如果想要孩子們認真學習，只有一個法寶，那就是要新鮮、有趣，還要好玩！

繪本班的倒數第二堂課，我讓所有孩子玩大風吹，一開始，先讓孩子從最熟悉的自己開始，要孩子在點名時介紹自己，愈詳細愈好，讓孩子「隨意吹」。

「大風吹，吹什麼，吹……衣服是黃色的人。」

「吹……頭髮上有髮夾的人。」

「吹……」

剛開始，孩子選擇的都是最明顯的目標，當遊戲次數變

我們聽過的故事、遇到的事情、看到的景象，都是大風吹裡的「我」。（圖中的「小人日」並不是什麼奇怪的節日，而是孩子學會寫字的「長大印記」。）

多，「吹過的項目不能再吹」以後，孩子開始注意小細節了。

「吹……有穿襪子的人。」

「吹……有蛀過牙的人。」

「吹……笑起來眼睛會瞇瞇的人。」

「吹……生氣的時候，心跳會很快的人。」

孩子的目標，由大到小，由外到內，愈來愈特別。跟著孩子玩遊戲時，連我都要想想，我自己生氣的時候，心跳是不是也變快了呢？

等孩子熟悉「遊戲規則」後，讓他們選擇一本這學期讀過的繪本中「最喜歡的一本書」，並且簡單口述一下故事內容，再藉由繪本的「圖像」、「內容」和「感覺」，開始進行「大風吹」。

「大風吹，吹什麼？吹……，書名是名字的書。」

「吹……，故事裡有爸爸、媽媽的書。」

孩子的記憶力很好，他們記得所有故事的內容與人物，連旁聽的淑儀老師手上拿的繪本也不放過。

「淑儀老師，妳拿的《雲上的小孩》裡面，也有爸爸、媽媽啊！」觀察力敏銳的瑞憓一看到淑儀老師手上的書，便馬上指正她要趕快站起來，原本以為只要隨便拿一本書坐在一旁，就可以安心觀看孩子玩耍的淑儀老師，突然被迫「加入戰局」。老師和學生、大人和小孩的界線也隨之打破，大家都開心地玩起遊戲。孩子們真的很厲害，他們找出了「書名」、「人物」、「故事內容」，連「蝴蝶頁」的細節，都被他們熟練地拿出來「大風吹」。

「老師，我現在要吹的這個妳會嚇一跳喔！」緡淳忽然看著我笑。話一說完，他對著大家說：「大風吹，吹什麼，吹……拿著約翰．伯寧罕的書的人。」

繞了一圈，孩子找到一個「大家都知道，卻都沒有發現」的題目。讓我忍不住讚賞他的細心和反應，這樣，我應該可以放心，將來孩子們無論遇到哪種作文題目，都能輕鬆地找出相應的生活經驗，寫出「和別人不一樣」的想法與見識。

遊戲仍在進行，只是由動態轉為靜態。

對孩子們編了一個「小動物要找朋友」的故事，在白板上畫上動物的圖，讓孩子想想該為這隻小動物找什麼樣的朋友。首先是最簡單的小狗。

「小貓、小豬、馬」……，孩子找出了所有四隻腳的動物。

忽然，有人冒出：「大野狼！」

「喔，大野狼也是四隻腳唷！可以跟超可愛的小狗『當朋友』。」我一方面支持孩子的想法，一方面也在語調上，給孩子提示。

「老師，不行啦！大野狼很兇耶，牠會吃掉小狗，怎麼可以做朋友啊！」讓孩子自己發現答案，是我一直以來不變的做法與堅持。

我們為許多動物找到朋友，最後一張圖是「大象」。孩子知道講過的答案不能再講了，所以都苦思著答案。忽然，有人眼睛一亮：「老師，小木偶啊！小木偶的鼻子和大象一樣長長的啊！」

哈哈，好棒的答案呢！誰想得到，小木偶可以和大象一樣有長長的鼻子，一起唱「大～象～，大～象～，你的鼻子怎麼那麼長？」

最後，要孩子翻找在玩「大風吹」時，自己所選擇的「最喜愛的繪本」，然後在書裡找到一隻自己最喜歡的動物，替那些動物找朋友。

孩子在《神奇床》裡發現自己最喜歡海豚，打算為海豚找個「很像」但又很「不一樣」的動物當好朋友。他寫著：「海豚去岸上找好朋友，太陽掛在天上讓岸上熱熱的，沙漠一踩沙就陷下去，海豚踩下去就會熱熱的，海豚一直走都找不到朋友。」

海豚要找朋友，除了在海底尋找，還要到陸地上看看才行，踏在熱熱的沙灘上，就像踩在沙漠上。孩子利用簡單的文字，寫出一幅像圖畫般極有畫面感的短篇文章：

海豚會玩球，海豹也會玩球；海豚還會跳，貓咪也會跳，海豹跟貓咪說說看（孩子指的是海豹跟貓咪正在討論）他們可以玩什麼遊戲呢？可以玩跳房子，還可以玩丟球。

本來他們兩個遊戲都很想玩，可是海豹不會跳，所以不能玩跳房子。

他們最喜歡玩的遊戲是丟球，因為，他們都會玩丟球。

在海豚找到一樣會跳的海豹、貓咪朋友後，選擇一個「大家都能玩」的遊戲，孩子也在無意間學會體貼別人呢！

其實，每一次的陪伴與共讀，實際上就是一場「大風吹遊戲」。在這個過程中，我們進行著語言和情感的交流，這就是那股「風」，使我們互相認識、理解，拉近彼此之間的距離。更難得的是，身為大人的我們，有機會透過孩子對世界的解釋，打破固定思維，走出新的可能。讓我們繼續陪伴孩子，一同探索這美妙的「大風吹」，並在其中互相啟迪，一同成長。

芯芯畫自己和爸爸、哥哥手牽手當好朋友，然後說：「我不要畫媽咪，誰叫她說要把爸比給我，又把他搶回去。」

Part 3

「寫」出孩子的故事力

每一個孩子都是說故事高手，
隨時都能把「生活」與「創作」結合，
只要我們可以欣賞、聆聽他們心中的故事、夢想和情感，
便能見證他們「寫」出獨特的生命風景。

Chapter 15

說故事是一種本能

原本只是陪著小侄兒晨晅吃點心，看到五穀雜糧的沙琪瑪照片後，他忽然興奮地說：「姑姑，有魚！好多好多魚。」雖然我感到疑惑，但還是順著他的話一一提問：「牠們要去哪裡？」、「然後呢？」、「還遇到誰？」藉由這些問題，我們拼湊出更多的人、地、時、事、物做為故事材料，最後創造出一則關於「小魚散步去找媽媽，結果找到Totoro」的故事。這傢伙的說故事技能比他姑姑強多了。

晨晅兩歲後，我會陪他看電影，我們一起看過《恐龍當家》、《怪獸電力公司》、《龍貓》等多部電影。在電影開始之前，晨晅會設想好多關於電影情節的「預告」跟解讀，我發現無論是戲裡戲外，這孩子幾乎是活在卡通世界嘛！

有一次他為了學大人洗米煮飯，自己靜悄悄地摸進廚房，拿著鍋子倒入一杯杯白米，等我發現時，鍋裡鍋外、甚至連地板上都是從他手中逃出的白米粒了。我必須深吸一口氣才能「冷靜」說話，我問他：「乖寶貝，你在做什麼？」我總是告訴自己，孩子的每個行為都有原因，所以一定要先聽他們怎麼說。

只見他格外興奮地拉著我的手，蹲在他原來蹲著的位子，分享著：「姑姑，好多好多Totoro喔！」仔細一看，一粒粒白米，還真的挺像《龍貓》裡頭的白色小龍貓呢！他這一聲「好多好多Totoro喔！」完全正中姑姑那顆天馬行空的心啊！我很高興自己因為願意聆聽孩子的心聲，進而走進了另一個想像國度。我也在與晨晅一起收拾善後的過程中，聽了一則關於「Totoro愛洗澡」的故事。只是，有段時間吃飯時我都會想：「糟糕，我現在正在吃小龍貓啊！」反倒是那位「始作俑者」依舊開心地抱著他的碗：「我要吃飯飯，還要吃肉肉。」

滿地的米粒是白色小龍貓在逃亡。

魔幻寫實作家馬奎斯（Gabriel José de la Concordia García Márquez，1927－2014）在作品《異鄉客》中有篇〈我只是來借個電話〉，故事中的主角只是因為汽車拋錨，誤搭了精神病院的院車，卻因此被當成病人禁錮一生。每次和小小孩相處，我都覺得自己也在無意間被邀上一輛開往異世界的巴士，自願地留守在那個「脫離常軌」的想像世界裡。

其實我們生來都有穿梭在真實與虛幻間、放大世界觀的特異功能，只是隨著時光流逝、年齡漸長，長大了，這個特異功能也跟著消失了。除非還保留一些童心，才有機會留下一點異能、看見一些不一樣吧！

妹妹出生後，晨晅說故事的能力進化得更快了。姪女兒晨芯進入口腔期，什麼都放口中，連小狗的奶骨，一拿到手也啃得有滋有味，還好是全新的奶骨！而晨晅因為親眼見證了妹妹的「超能力」，所以用自己的親身經驗「體驗」了人生第一篇作文，題目為〈妹妹吃掉了〉。

有一次，全家一起出遊，晨晅帶著自己的玩具車在房間玩，出門晚餐前，大人喊著收玩具，他怎麼收、怎麼點都少了一台玩具車，最後他一臉「就是妳」的表情，**直接指著妹妹說：「被妹妹吃掉了！」**讓整間房的大人們笑歪了腰，只有我這個「不討人喜歡」的姑姑邊笑還邊「說教」，問他：「車車被妹妹吃掉了，你說要怎麼辦？」晨晅思考了一下說：「玩具要收好，被吃掉就找不回來了。」

整個過程，正好可以對應出一篇結構完整的小短文呢！

「帶玩具出去玩」就是這件事的「背景」，指的是一件事所發生的地點、人物和氣氛。

接著，以背景為基礎，延伸創造出更多的人、事、物，發生在其中的每一件事就是「細節」。例如怪手還在、推土機還在、沙石車還在，火柴盒小汽車卻不見了！阿嬤問：「阿孫，你的汽車呢？」

晨晅找遍了房間都找不到小汽車，最後指著晨芯回答：「被妹妹吃掉了！」就是整個過程中最強烈的印記了。而「變化」正是整個故事裡最精采的地方，可能會使我們大吃一驚，也可能和前面的故事劇情形成強烈的對照。

當故事來到尾聲時，就是結構裡的「結論」了，但是不只要有一個「尾」，更要提出可以讓自己更好的方法。

看著晨晅謹慎收拾玩具的身影，我一直在想，「結構」是孩子與生俱來的能力，還是因為從小習慣閱讀、習慣分享與說故事，額外產生的「附加價值」呢？

我想兩者是相輔相成，因為我們本來就容易對一件事的「之最」——不論是最特別、最驚奇、最好笑——感到印象深刻。接著，再透過長時間的閱讀與分享，進一步強化了對這些素材的整合能力。

幾年後，家裡的小狗離開了，晨晅到我房間，抱著我好久好久，才在我懷中開口：「姑姑，我想要養狗狗。」

「那阿寶怎麼辦？」我問他。

他想了一下說：「我要去扭蛋店扭蛋，把阿寶扭回來。」因為他的三線鼠「小可愛」就是從寵物店前的扭蛋機扭到的。

晨晅邊說邊揉著眼睛，然後賭氣似的說：「阿寶不回來，我就養新的小狗狗，我要讓牠睡阿寶的位子，牠太小了，喝不到阿寶的水，我會抱牠；不會爬樓梯，我就抱牠上樓，抱著牠睡覺。牠不敢下床，我就抱牠下床，可是牠長大太重了，我抱不動牠，牠就會快要從我手中溜下去，可是最後還是沒有溜下去。」他停了一下，抬頭看著我：「姑姑，我想念阿寶。」

我雖然紅著眼眶，腦子裡卻因「職業病」發作，而快速分析他所說的話，驚喜著他說故事能力的躍進。

完整的結構、真實深刻的情緒、劇情的對照安排，更厲害的是，還懂得「回扣主題」。唉，要不是氣氛不允許，我還真想抱著他轉圈，稱讚他這麼會說故事、寫作文。

最近一次，我們一起去樂園玩，晨晅體驗了人生中第一次「你騎馬來我騎驢」活動，活動結束後我問他：「騎驢子好玩嗎？」對孩子的提問一定要簡單、明確。

起初，孩子的回應都很簡單，但是只要讓孩子說、聽孩子說，在聆聽與分享的過程中，建立起他們的自信與對我們的信

晨晅只要思念離開的小狗就會畫圖。他說：「阿寶載著我，我們一起玩跳高高，可是被圍起來跳不出去，因為阿寶去當小天使了。」

任，那麼就會發現每個孩子都是小作家。

他說：「我本來很高興，可是一坐上去好害怕，驢子的骨頭在我屁股下一直動，我怕我會摔下去。而且走到驢子家的時候，牠走好快，好像想回家，骨頭動得好用力，我好怕真的會掉下去，我就把眼睛閉起來，結果閉起來以後覺得好像在按摩，一下就回來了。下次來我再玩一次，我就敢張開眼睛，因為我知道我不會掉下去了。」

我邊聽邊在腦中拿著紅筆「改作文」，然後在這篇作品上一路的「圈圈圈」，孩子直接的情感便是最美的佳句。

原本我一直很好奇，那些已成為媽媽的朋友們為什麼要那麼認真仔細地記算著孩子們的年紀是幾歲幾月又幾天。隨著陪伴兩個侄兒長大、自己也成了媽媽，我慢慢能夠明白，這些精密計算其實都是一種倒數，倒數成長的歡愉，也倒數著和天真的分離。能陪他們這樣用摸索、玩樂的方式認識這個世界的時間，真的不多，而這些小小的感動和可愛，也將隨著時間一起流逝。還好，身為大人的我們可以用一點點文字、圖像記錄下來，把這些無法複製的天真保鮮、收藏起來，與孩子一起共享那股美好、質樸的情感。

Chapter 16

從最初的塗鴉開始

孩子練習書寫、創作，都是從簡單的文字開始。有趣的是，就算只是看著孩子的文字，也彷彿能在眼前描繪出一幅幅的畫，因為他們單純、直接的描述就是最美的修辭，一如他們已經會寫字了，卻還是離不開圖畫。

我私心希望他們真的能永遠離不開圖畫，尤其每次看著身高只有自己一半的小小孩，總是會想，該怎麼樣才能離孩子近一點？除了蹲低身子和孩子的視野平行，認識孩子眼中的世界，想著孩子的塗鴉和話語之外，我可以做的，應該就是跟著孩子，一起回到最初的圖像世界，那是最單純、最不容易忘記、更是最美的世界。

是誰從童蒙中打開了嶄新的殿

堂，創造出最初的圖像世界呢？我想，很少人會忘記倉頡吧？他可是在最早最早的年代，畫圖畫得最漂亮的人呢！

因為倉頡愛畫畫，所以我們才擁有了字；然而諷刺的是，我們擁有了字以後，卻慢慢遺落了圖畫的重要。

一直捨不得「圖畫年代」就這樣靜靜消失，所以不知道從什麼時候開始，我習慣用孩子最熟悉的圖像，陪在孩子身邊。我喜歡在說故事時畫圖、讀兒歌時畫圖、背詩時畫圖、上作文結構圖時也畫圖……，感覺起來，好像所有事物都可以用原始的圖像來表達，圖像可以包含的範圍比什麼都還要廣，大到可以包圍著所有我們所熟知的一切，然後慢慢滲透到記憶裡的每一個角落。

和還不識字的孩子一起背唐詩〈清明〉，為了讓孩子更有印象，邊唸、邊畫、邊講解，畫著細雨、店家和幾個人物。「清明時節雨紛紛」容易表現，只要在白板上畫上雨絲就好，孩子也很容易理解；「借問酒家何處有？」也不難，畫個樓房，補上招牌，招牌上寫著「飯店」，孩子也能明白；「牧童遙指杏花村」就更簡單了，畫個大人向可愛的小朋友問路，小朋友因為害怕被綁架，所以就用指的告訴大人；可是，問題來了，「路上行人欲斷魂」該怎麼畫呢？只好把問路的人畫得好像很累很累、累到就要失去魂魄般，從頭頂蹦出一個「煙霧飄飄」的鬼魂。

就在我還停留在「自以為詮釋得太好了」的陶醉狀態，下一堂課就遇到充滿疑慮的家長：「老師啊！我想問一個很不好意思的問題喔！」

這位「憂慮媽媽」問得很小心：「那個唐詩是不是有改過啊？我記得以前明明是背『清明時節雨紛紛，路上行人欲斷魂』。怎麼那天聽到我兒子回家背的是路上行人『遇到鬼』啊？！」

什麼？遇到鬼！我在心裡大喊著不會吧……，難道是那個「煙霧型」鬼魂讓孩子印象太深，所以他直接把「欲斷魂」解釋成「遇到鬼」嗎？跟媽媽解釋清楚後，還是忍不住要求孩子再背一次〈清明〉給我聽。

「老師我背得很熟喔！清明時節雨紛紛，路上行人遇到鬼，借問酒家何處有，牧童遙指杏花村。」背完，還對我露出燦爛的笑容：「老師，我媽媽還說我背錯，可是我是看老師的圖記的，不會錯啊！」

跟著圖像背錯詩，反而成為一個有趣的記憶。

曾經聽過一則關於孩子童言童語的小故事，因為我很喜歡，所以印象很深刻。學校的畫圖課，老師要孩子自由畫出假日時最喜歡去的地方，幾乎所有孩子的畫面，都能精確表現出要表達的意思，除了其中一個孩子是例外。活動開始後的十分鐘，他的畫紙是空白的，老師再等十分鐘，還是一樣空白，一直到下課前十分鐘，老師終於忍不住問孩子整堂課到底在做些什麼？

「我畫了農場。」孩子一說，老師接著問：「農場裡有什麼？」

「有一片青青草地，還有很多牛啊！」清脆的聲音，透露出孩子的快樂，老師更加懷疑，睨了一下空白的畫紙問：「草呢？」

孩子仰起頭對老師笑：「被牛吃完了啊！」

「那牛呢？」老師一問，孩子笑得更大聲了：「吃完草，回家了啊！」

同樣一張空白的圖畫紙，對大人來講它什麼都沒有，對孩子們來說它卻藏著無盡的想像。難怪這位老師會緊張，連我在享受孩子們的童言童語時，還是得想想該怎麼面對家長，所以常常會摸摸孩子的頭，稱讚孩子後要他們再想想，在白白的畫紙上畫些什麼、寫些什麼。他們最原始、最有趣的想法，只好被我收在記憶寶盒裡。

有一次，要孩子想想世界上可能會有什麼樣的怪獸？孩子們興奮地用碎紙片拼貼出許多不可怕卻很可愛的怪獸，但有一個孩子例外。他和故事中的孩子一樣，靜靜坐著，畫紙上一片空白。他說：「我畫的是牛奶怪獸，他很厲害喔，會把所有的東西都變成白色，我的圖畫紙也被他變成白色的了，可是他如果跑到我的身體裡面，會讓我長高高。」

這比上一則故事裡，孩子說「牛吃完草回家了」還要有意思，畢竟我是個大人，如果我是故事裡的老師，我還會問問孩子：「草被吃完了，牛回家了，那農場裡還有什麼呢？」可是一張被牛奶怪獸變成白色的畫紙，我卻想不出有什麼「不合理」的地方，也深深喜歡上這「合理」的答案。但是，爸爸會喜歡嗎？媽媽又會有什麼樣的想法呢？他們有耐心聽孩子的故事，欣賞孩子不一樣的想法嗎？我只好請孩子將想法寫上，希望家裡的大人也能享受孩子的「幽默感」。

一樣拿著一枝筆，只是簡單地在畫紙上畫上一條線，大人和小孩的看法完全不一樣。

少數的家長會認真問孩子在畫些什麼。被瑣碎的日常庶務忙到燃起火氣的大人會說：「好好一張白紙，為什麼要亂畫？」心情好一點的家長，還會給孩子一些「奇怪」的稱讚：「哇，寶貝，你畫的線好直，真的好直、好漂亮喔！」

但我真的不懂，「好直」為什麼等於「好漂亮」？

小時候，我家的大人更「實在」，他們不會稱讚好直，但也不會稱讚好漂亮。終於發現用厚厚的圖畫紙拿來亂畫，成本太高，所以改買一疊一疊大小不一的計算紙給我，讓我在紙中玩著自己的裝扮遊戲，有時假裝自己是大人，學起大人寫草字；有時把自己當成醫生，在紙上寫起病歷；有時當個成本控管員，告訴爸爸什麼太貴不能買，家裡會沒錢。無論我在做什麼，他們只是笑笑地在一旁看著，偶爾和我投入其中。有他們做為「範例」，就算是長大的我，也懂得如何更貼近孩子。

只是當我變成大人以後，無論我再怎麼靠近孩子，我也只是個「靠近孩子的大人」，永遠無法回到孩子的純真狀態。尤其在我成長的過程中面臨過種種變化和挑戰後，我更加珍惜能陪著孩子，利用「塗鴉」留下天真時期的創造力，以及自由表達的勇氣，說自己想說的話、畫自己想畫的圖，這些曾經熟悉而珍貴的能力，隨著年齡增長，逐漸被捨棄遺忘，如今能夠在與孩子一同塗鴉的過程中，被重新憶起，彷彿回到那曾經熟悉的美好世界。

Chapter 17

拼貼記憶

對孩子來說，生活就像是一張沒有邊際的畫紙，他們日常發生的每一件事，都是在為畫紙塗上顏色。他們陶醉在裡頭，並以自己的方式表現，就看我們是不是有能力為孩子收藏這些無法重複呈現的畫作，為他們留下不一樣的「曾經」。

在教室裡，為了能更快了解孩子，我會問問孩子是不是有其他的兄弟姊妹。本來這只是一個很平常的問題，卻因為孩子意料不到的回答，而讓問題變得有趣了。

有個孩子說家裡有兩個妹妹，我問他：「是雙胞胎嗎？」

小小孩對雙胞胎這個名詞感到陌生，我換個問法再問一次：「是一下子就有兩個妹妹叫你哥哥嗎？」

孩子搖搖頭說：「老師，不是耶，我的妹妹一個已經會叫我哥哥了，一個還不會叫我，她們是媽媽分開生的。」

那時對腦海中跳出的關鍵字「分開生的」感到十分有趣，就用孩子的話回答，讓自己跟孩子靠得更近：「我有兩個弟弟，他們也是我媽媽分開生的喔！」

可惜，「分開生」這個詞，對孩子來說，不是重要字，不需要粗體加黑，因為他們的認知裡，大部分的孩子本來就是媽媽分開生的啊，所以他只是一臉奇怪地望著對他傻笑的我。

當我努力想要接近他時，這個孩子長大了，知道的事比以前還要多，多到像細菌一樣，一步步地吞食掉原先可愛的想法。現在的他，是個縮小版的大人，開始沒辦法理解什麼叫「分開生」了。

在我們為孩子們保留記憶時，第一個要面對的，是他們的遺忘。

家裡有好幾個小小孩，非常愛玩，就算被罵還是努力地尋找玩伴。孩子們的遊戲過程，猶如在進行一場不斷脫離常軌的創作。有一次，我的侄兒庭軒把一隻腳穿過木椅扶手下的間距，懸掛在外，腳下剛好是垃圾桶，孩子的腿短，在垃圾桶裡晃啊晃，被經過的阿公、阿嬤唸了再唸，還是一點也不受影響，轉過頭來拉著我說：「姑姑妳看，我的腳被丟掉了。」

聽聽，「腳被丟掉了」是不是很像圖文筆記書裡會出現的句子呢？而且畫面鮮

明，充滿了無限的想像在裡頭呢！原來，最會畫「筆記書」的就是這些用「話」在畫畫的孩子們。

還有一次，庭軒坐在電腦椅上，墊著小腳不停地轉動著椅子。我問他：「你在玩旋轉木馬嗎？」

庭軒故意把講話聲音拉長：「不——是——姑姑——我——快——被——風——吹——走——了。這——是——大——颱——風——。」

天哪！我不知道該如何形容我有多愛他。愛孩子，是靠近孩子的首要條件。因為愛而靠近，才能享受在撿拾孩子的記憶裡面，發現他們用「話」畫出來的自己。

想想，除了保有童心的孩子之外，還有誰能畫出「腳被丟掉」和「被颱風吹走」的趣味呢？

但是，我們常常會因為愛孩子，替孩子做出許多也許「並不是非常適合」的決定。有一次，我讓孩子帶自己喜歡的書和同學一起共讀，其中有一位即將上小學一年級的孩子，竟然帶了一本作文範本來，我的眼睛直盯著那本書瞧，希望能看出這麼小的孩子，為什麼會喜歡這些書的原因。

沒想到，喜歡的原因是：「我媽媽買的書都很多字，這一本書裡面的圖比較多，我比較喜歡。」

「那你有看過裡面的字嗎？」我問。

「媽媽叫我練習拼音的時候，我會唸給她聽，如果媽媽不在，我看圖就知道了啊！而且我可以講很多跟書裡不一樣的故事喔！」

下課時剛好遇見媽媽，我一邊肯定媽媽對孩子的用心，一邊也請媽媽帶孩子去挑一本「屬於孩子自己喜歡的書」，讓孩子用自己挑的書說自己的故事。

媽媽不太能認同：「老師，可是他都是挑繪本耶！」

因為那才是孩子的世界啊！我們之所以站在比較高的視野，是因為能在孩子需要的時候為孩子解答，而不是替孩子做決定。況且在孩子的世界裡，就算是每一段記憶都是一個畫面，就連我們大人也是啊！我們有什麼權力，只為自己保留「看圖」時的樂趣，卻規定小小的孩子得接觸他們還沒來得及認識的文字呢？

既然如此，何不讓孩子自己決定呢？

當我們能夠放下那種「自詡為領導者」的思維、放下為孩子做各種決定的掌控權後，就能退居在孩子身旁，以一個客觀旁觀者的角度去觀察孩子，看見孩子原始的樣貌，如此，我們才能真正地了解孩子。

有一個孩子在空白的長方形紙上畫下彎彎的眼睛，再畫上橢圓的嘴巴，放到自己面前在我身邊跑來跑去說：「吐司麵包人在說話。」

真的好可愛。

每一次的協助，是孩子需要，還是我們想要呢？

再次見面時，他又拿了另一張紙，在紙上先畫上一個四邊形，然後問他：「吐司麵包人今天怎麼了啊？有沒有跟你一起來呢？」孩子開心地繼續完成他的吐司麵包人「續集」。

可是，孩子的身體裡就像地球的核心，有源源不絕的能量在釋放，而且沒辦法預料是要地震還是噴火山，無時無刻都會有跳脫固定框架的無限創意跑出來。有時候，孩子不會每次都讓吐司麵包人出場，他會拿著紅色蠟筆將紙塗滿：「我畫完了。」

我像是在猜謎一樣沉浸在孩子的畫裡：「這我知道，是火災。」

孩子滿意地點點頭後，我繼續問：「可是，是在燒什麼？怎麼都看不到裡面？」

「這是大火災耶！火很大、很亮，而且很熱，當然會看不到裡面在燒什麼啊！」在畫紙的一半加上藍色蠟筆，在紅色和藍色交疊之間，以咖啡色畫上疑似房子的形象：「要被消防車沖水以後，才會看得出來裡面是什麼。」

將這些有趣又有意思地「隨手畫」收集起來，裝訂成一本孩子專屬的繪本。這本書裡只有圖、沒有文字，然後，靜下心聽孩子們說故事。剛開始時，孩子的故事會很短，可能只有主角的名字，幾個動作、幾句對話而已；只要鼓勵孩子，陪著孩子在圖畫中找到更多線索，故事的細節就會愈來愈多，內容也愈來愈豐富，更何況，這本故事書可是他自己的書呢！孩子在圖畫中知道的一定比大人還多。

每次翻閱，孩子都能講出不一樣的故事，針對不同的故事，孩子可以訂出千萬個不同的題目。看著孩子沉浸在「當大人說故事」的角色扮演裡，他們的想法也讓我們沉醉其中。

孩子們很有趣，喜歡探討以前的自己。他們會看著自己剛出生時的照片，努力反駁自己才沒有這麼醜，還會從「看似不像自己」的照片中，找到一些蛛絲馬跡，來確定那就是自己；他們會看著我們替他們拍攝的紀錄光碟，看到還被大人抱在手裡的自己，不好意思地臉紅：「哎呀，那時我還小嘛，現在我

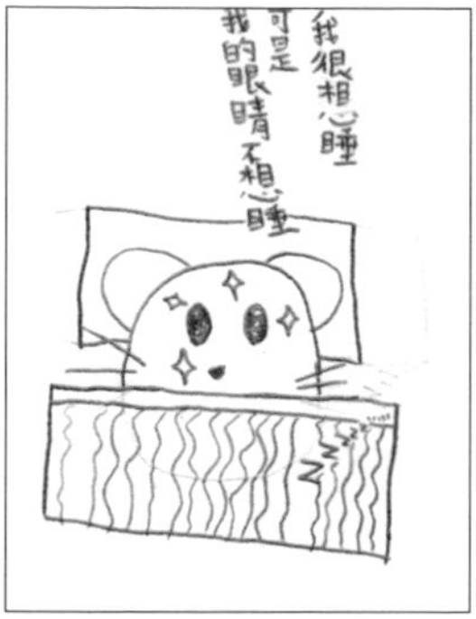

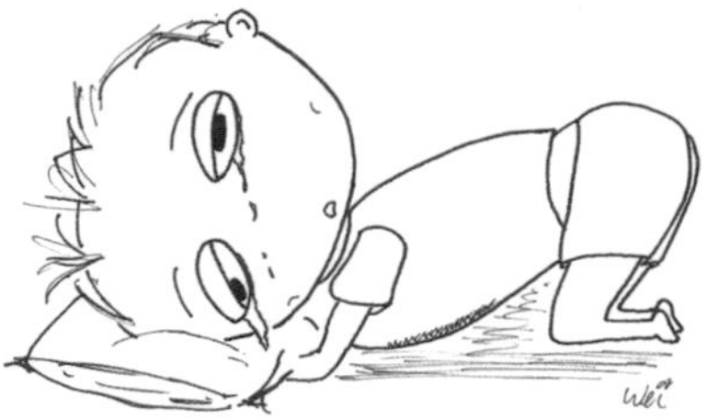

課後和孩子們聊天，她打著哈欠說：「我昨天都沒有睡覺，我很想睡，可是眼睛不想睡。」所以我們一起畫出「失眠」，其中小兔子複雜的表情、小老鼠亮亮的眼睛，都比老師的愛睏小娃更可愛、更入戲。

長大了啊！」；等到哪一天他們身體裡的「創意獸」逐漸消失時，他們可能會找出各種理由，來澄清那些「亂畫」的圖絕對不是他們畫的，然後用眼角偷偷地一瞄再瞄，既不想承認，卻又覺得那份回憶格外熟悉。

只要我們能將它整理好，讓孩子習慣翻閱自己的記憶，他們會慢慢喜歡這些屬於自己的生命痕跡，為自己拼出一個充滿熱鬧、歡笑的人生故事。

Chapter 18

找到一個家

究竟一個人能擁有多少回憶呢？每一段回憶，都是一次經驗。擁有許多不同的體驗，在面對同一件事情時，也會因為經驗的多寡而有不同的看法。

剛開始讀繪本，我還待在幼稚園裡當一個天真快樂的幼教老師，那時只是一股腦兒看看書裡有什麼「寓意」可以分享給孩子，就像自己的爸媽一樣，透過講故事兼說教來讓所有的孩子變得「好管理」。

隨著時間累積，我也開始質疑孩子被故事餵養成「大人眼中的乖寶寶」，這樣真的很好嗎？

於是我學著「不帶任何目的」地陪孩子看書，只單純看著他們享受在畫圖的線索裡。不知不覺中，自己也挺享受每一次在圖裡挖到寶的感覺。其實，能稱為「寶貝」的往往是孩子從虛擬的故事裡找到現實生活中與之對應的相關記憶，聽著孩子們一點一滴重新回憶事發現場、重新整理當時的心情，那種感覺彷彿自己正陪著孩子們，讓「現在」和「以前」、「真實」

和「虛構」合奏出專屬於自己的美麗樂章。不但和書中內容形成共鳴，我們也能透過陪伴、聆聽更了解孩子的內心世界。

現在，常常有家長問我們，是怎麼教孩子看繪本的？

因為曾經經歷過「用繪本說教」的天真時光，我後來深深覺得，孩子看繪本是不用我們刻意「教」的。我們唯一需要做的是，找一個所有孩子都可以清楚看得到書的地方，然後靜靜翻書，停格，為孩子留下許多空隙，讓孩子進入每一個畫面、每一本書。如此一來，他們就會有許多發現，跟著他們的發現也會讓我們重新回到童年的樣子。

有時還可以讓孩子陪更小的孩子共讀，不僅可以在孩子身上看見自己平常陪伴他們的模樣，更好玩的是，還能聽見他們對某些畫面發出的「真實心聲」:「這個沒什麼，跳過！」孩子的身體有個篩選機制，會根據自己的興趣、喜好來篩選「覺得重要的事物」。這樣也好，孩子就不會像蒐集食物的小螞蟻，只記得故事，沒有經過自己消化，每當閱讀同一本繪本時，只是不斷重複故事內容，反而缺少自己的感覺和情韻。

當孩子學會思考、整理自己的一切，如果能得到我們的回應，和我們一起討論，孩子們的學習版圖會刻劃得更深。很快，他們就會發現，「寫作文」也只是在整理自己的生活、心情而已。「學寫作文」，就是在學習怎麼為自己的生活找到出口，然後透過文字一步一步地吐露、釋放。

當我們給孩子足夠的信任與邀約，讓他們習慣像蜘蛛般從腹中抽絲的同時，我們也是在幫孩子找回歸納整理的能力——那個曾經蘊藏在他們身體裡的「結構」本能，開始在孩子的腦海裡畫出一個「作文家」。

我們每個人的人格養成，都是以「家」做為起點，接著走出家門，來到學校，進入社會。這段過程為我們帶來不一樣的改變，可是本質上，我們都還是會受到家庭的影響。

在孩子正式學寫作文之前，我們會先為他建立一個與家相似的「結構圖」概念，這個概念有助於孩子組織思維，並協助孩子有邏輯的來看待生活裡的人事物，成為他最直覺的本能。

首先，我們會在白板上按照順序畫出四個圖形：先是兩個四邊形，接著畫一個三角形，最後再畫一個四邊形。其中，最後一個四邊形的大小最小，第二個最大，第一個則次之；三角形的顏色無論如何都是紅色的，大小和第二個四邊形差不多；最後，這四個圖形都要有所交疊，這就是所謂的「結構圖」。

結構圖就是將一篇文章最基本的架構「起、承、轉、合」化為圖形，並進一步以「背景」、「細節」、「變化」、「結論」分別代替論之，讓人易於熟悉、理解，並強調段落銜接的重要。我總是對孩子說，結構圖就像是一個家，而那四個圖形，就像是我們家的房間，一定得交疊在一起，這樣才算是「同一家」的。此外，每個家都有門牌，我們家的門牌可能是：「中壢區中北路二段220號。」而這張圖的門牌上寫著：「作文結構圖」。

孩子很喜歡背這個「作文家」的地址，簡簡單單，才五個字而已。之後只要一看到這四個圖形，他們會毫不猶豫地說：「我知道，這是作文結構圖。」對孩子來說，這只是一個故事裡的遊戲，沒有人知道，這個結構圖在日後到底會為孩子產生什麼樣的影響。

剛好，教室門口貼著「大教室」、「中教室」、「小教室」的字樣，孩子們認為這就是每間教室的名字。人的名字不一樣，教室的名字也不一樣。我告訴孩子，那間「作文結構圖」房子裡的房間也有名字，按照順序，分別是「背景」、「細節」、「變化」、「結論」。無論裡頭換過多少不一樣的主人，就像同一間教室會有不一樣的班級、不一樣的學生，但是大教室還是叫大教室，中教室還是叫中教室，小教室變不了大教室。所以他們永遠都叫作背景、細節、變化、結論。

要背起一個門牌很容易，要背四個房間名也很簡單，困難的是，接到一批客人時，該怎麼將他們安排到適當的房間？孩子的教育養成，都得靠一個又一個的故事。所以每次共讀完一本繪本後，我會再讓孩子重新複習結構圖，問孩子：「事情是發生在……？」只要孩子聽見，就會開始努力地描述出他們印象中的故事背景。偶爾讓他們用舉手表決時，會有孩子選「紅色三角形」，不管我重複講解幾次，她就是堅持。結果她哥哥為我解答：「老師，不是啦，因為佳青喜歡紅色，所以黑色跟紅色她一定會選紅色的啦！」

「老師，哥哥說的是真的喔，我很喜歡紅色。」

孩子的脫序演出，也成為這堂課「意外的變化」。

孩子很敏銳，自從開始把「背景、細節、變化、結論」當咒語背起來時，他們會自己發現，原來生活也蘊含在作文結構裡面。

舉例來說，下課時，先整理好書包的孩子熱心地幫我擦白板，孩子的身材矮小，擦白板像在做跳躍運動，一不小心，手

孩子將所學的一切，一格一格的歸納整理，成為他們難忘的記憶。

中的板擦掉了下來，發出不小的聲音。孩子呵呵呵的笑著：「老師，我知道，這是今天『意外的變化』，因為大家都嚇到跳起來，眼睛睜好大。」

就這樣，一次又一次，他們習慣在下課前開始找這天上課時「意外的變化」，然後自己發現：「老師，怎麼意外的變化好像都記得比較清楚耶！」

期末總整理時，拿著大張的海報紙，要孩子為這一整個學期所學到的內容進行歸納、整理，把課程套入結構圖裡。孩子們在「背景」畫出所有聽過的故事和出現過的人物；在「細節」畫出整個學期的語文活動以及畫過的題目；「變化」則是畫家長聯絡簿，因為他們說：「我知道我自己在學什麼，可是我媽媽不知道，聯絡簿是要讓媽媽知道我在教室上什麼課，有沒有進步。」；「結論」則是他們自己的第一本創作繪本。

我真的從來都不知道，也不預設孩子到底會有什麼成就。我只知道，我可以為他們搭建一個像家一樣的安穩空間，裡頭滿溢著愛與鼓勵，靜靜陪著孩子成長、適時啟發他們的潛能。每當我發現孩子有一點不一樣，我就會無比興奮，我有信心每一個孩子都有能力，為自己打造出不一樣的人生，然後搭建一個自己也喜歡的家。

Chapter 19

這個世界真有意思

無論世界變成什麼樣子都沒關係，因為孩子改變的速度比世界還快。就像孩子們自己說的：「小寶寶原本的世界都是黑黑小小的，一轉身就會撞到媽媽肚子裡軟軟的牆壁；等到小寶寶出生後，雖然只能待在小小的床舖上，可是比肚子裡大多了；開始會翻身、會爬行，行動自由後的小寶寶就能看清楚整個房間，還有家裡；再長大一些，身體越來越強壯，就可以隨心所欲看到外面的世界，不用擔心隨時會病倒。」

這個世界就這麼大，可是孩子的成長幅度會越來越擴張，在世界還來不及改變時，孩子已經開始改變自己來適應這個環境。在孩子忙著探索新鮮事時，他們也在反覆地觀察，看到什麼人、遇到什麼事、聽到什麼聲音，只要是他們喜歡的事物就會露出笑容，不喜歡的事物就會生氣、哭泣，對這世界開始有了更多的感覺。隨著孩子所經歷的事愈多，也愈來愈能坦然面對各種人、事、物，我們讓他們一遍遍察覺自己的生活經驗。

最初，孩子的世界裡只有「大人」和「小孩」的區分，所以我就先讓他們任意表達對大人和小孩的看法。

一個總是笑到眼睛彎彎的小女生說：「只要做自己喜歡的事，不管是大人、小孩都會笑，可是小孩笑得比較亮，像大大的太陽；大人像月亮，只有一點亮亮的，好像怕別人知道他在笑。」說得真有道理耶！身為大人的我們，有多少時候，能夠像孩子一樣，毫無顧忌地大笑呢？這小小的孩子，倒是把我們看得十分清楚呢！

另一位孩子畫了一幅畫：圖畫右邊是一位大人跟一位小孩，左邊是一位小孩跟兩位大人。整個畫面加起來只有五個人，乍看會以為這是孩子隨手塗鴉的火柴人，可是孩子說：「我爸爸和我在一起的時候，爸爸是大人，我是小孩。可是，爸爸和阿公在一起的時候，爸爸跟我一樣是小孩子了。」如果不是聽到孩子的這一番話，我可能都不會知道，原來才大班的孩子，竟然可以把生活觀察得這麼仔細，擁有這麼寫實的發現。

等到孩子愈來愈大，他們就必須經歷更多的人事物，於是他們走出家，進入學校。每天走在同一條路上學、放學，看著一樣的招牌，聽著大人問一樣的問題，我認為只有讓孩子在「一樣」的生活模式中，引導他們找出「不一樣」的感覺，這樣他們才不容易被這個社會給「制式化」。

小小的孩子很幸福，他們保有一萬根敏感的「感覺天線」，就算是千遍一律的路程，他們也能發現其中的樂趣。剛

孩子的眼睛是攝影機的鏡頭，腦袋是硬碟，清楚地記得家裡的每一處擺設、每一個倒影。在看起來「都一樣」的生活裡，發現家裡的魚喜歡看電視，喜歡相親相愛。然後開始擔心，魚近視要到哪配眼鏡；魚生了小魚後，魚缸的水會不會滿出來。

開始，他們只會簡單地表達，例如在學校寫造句練習時，他們會寫著：

上學時，我聽見蜜蜂。

上學時，我看見小雨滴。

上學時，我看到很大的小鳥。

上學時，我發現風很大。

上學時，我發現有水神。

讓孩子一起一遍一遍地唸，再讓孩子一個人唸一句。然後他們自己感到奇怪：「老師，那個『我聽見蜜蜂』好像怪怪的耶，是聽見蜜蜂的什麼啊？」

寫這句話的孩子示範：「嗡嗡嗡嗡啊！」到後來孩子乾脆唱起歌來。

「喔，原來是聽見蜜蜂在唱歌喔！」提問的孩子找到自己要的答案。

教室儼然就像一個小型社會，當有人提問，大家就會開始注意到自己的問題或不足之處，接著會想辦法改進。所以，他們把自己的「造句」修改得更詳細：

上學時，我聽見蜜蜂在說悄悄話。（因為唱歌說過了，講過了就不能再寫了啊！）

上學時，我看見小雨滴在窗戶上跳舞。

上學時，我看到很大的小鳥把地板蓋著。（孩子家住機場附近，可以從遠遠的地方看見飛機起飛、降落，白天正好有很像小鳥的影子「在地上飛」。）

上學時，我發現風很大力的一直親我。

上學時，我發現水神在幫我的雨衣洗澡。

孩子的造句是不是變得更細膩、生動了？其實，想像力就是用各種辦法將自己的「感覺」給表現出來，讓更多人理解。

將心裡這份「感覺」再做延伸，去感覺四周的人物、環境，同時也讓孩子能夠重新檢視自己。面對這個世界之前，要先相信自己，才能保有一顆明亮的心去看待這個世界。所以我們要孩子想想自己的優點，因為當孩子找到了自己的優點，也相信自己時，孩子就會更容易變成他們心中的「理想型」。

我會讓自己每天都開開心心，就不會生氣了。

我很喜歡我自己的名字，我很棒。

我把自己照顧好，不讓媽媽擔心，我是乖寶寶。

同學對我笑，我也會對同學笑。

我會和大家交朋友，跟大家一起玩遊戲。

我們班有客人來，我會照顧客人，我也會照顧新同學，讓他不會怕。

透過這些句子，可以看見孩子是以什麼樣的方式來看待自己和身邊的團體。每個孩子的心中都有顆小太陽，不只為自己帶來熱情，也讓身邊的每一個人都能感受到他們所散發出來的溫暖。

孩子寫了好多優點，可是我發現沒有一個優點叫：「我可以每天都沒有煩惱。」於是我讓他們把自己的煩惱寫下來。

和同學在一起時，我常常會不小心說不好聽的話，讓我好煩惱。

我睡覺時夢到我在廁所尿尿，可是我是在床上尿尿。

晚上的時間好少，才一拿到玩具就要睡覺了。

喜歡玩的玩具常常會壞掉。

生病時要打針，針尖尖的，我都很痛。

弟弟常常會一直打我，可是媽媽都叫我要讓弟弟。

和姊姊一起睡覺時，會看到姊姊偷偷的哭。

孩子的煩惱有的很可愛，有的會讓人心疼，有的還可能是連媽媽都不知道的祕密。通常，孩子的煩惱都是以自己為中心開始向外擴展，連對身邊最親近的家人也會因為關心，卻不知該如何是好而感到無可奈何，變成纏繞在孩子心底的不安。

從一次又一次簡單的造句，到只給主題自由發揮的造句，每一個練習都是在訓練孩子找素材的能力。孩子修改過的造句，任何一句都是可以用來寫出一篇好文章的材料。

當然，孩子不是天才，他們才剛開始學認字、寫字，許多字彙知道的不夠多，有時候也會很難完整表達自己的想法，所以我們在他所寫的句子裡，選出有趣又有意思的字句，用像葡萄藤的佳句符號標示出來，代表他表達得不錯，值得被肯定。

小小孩沒寫過作文，看到自己寫的作文被老師用紅筆畫各種圈圈，不明白這是什麼意思，經常不甘願地大叫：「老師，我的作文為什麼被圈起來，我又沒寫錯。」

我告訴孩子，被「圈起來」的句子，是只有自己才想得到、跟別人不一樣的「佳句」，這是很棒的表現。這時，換孩子疑惑了，因為他們幾乎每篇文章都有被佳句符號圈起來：「老師，可是我被圈很多耶！」

是啊！透過寫作練習，孩子開始會習慣自己思考、尋找新穎的素材（因為講過的不能再用），這個過程可以幫助他們理清思緒、提高觀察力和創造力。我們讓他們練習「寫造句」、「寫作文」，不過是讓孩子們有機會把未說出口的「話」，用另一個方式表現出來而已。剛開始不用急著多，不用急著使用成語，重要的是，所有想法和字句都是來自於孩子自己對這個世界的所見、所聞、所思，進而使作品的個人風格更加突出。

我相信，隨著孩子逐漸長大，屬於他們自己的「佳句」，也一定會越來越多。

Chapter 20

自己的故事

當孩子儲備足夠能量，累積夠多字彙、能力後，他們會慢慢學著釋放，除了用口語表達外，孩子也會開始用他們所熟悉的圖畫來釋放情緒，接著開始懂得運用文字，一點一滴表達出自己的想像和心情。

孩子們需要一段時間才能從圖像世界進入文字世界，就像原本只會「咿咿啊啊」的小嬰兒，要來到能夠牙牙學語的階段，是需要給予許多的鼓勵與耐心。通常，大部分的孩子都適應得很快，一下子就能叫爸爸、喊媽媽，也能跟著身旁的人說很多話。

家裡有個一歲多的小侄兒正在學說話，他很聰明，所以學得很快，就連大人在對話時，他也知道他們在說些什麼。有一次，姨婆和姨丈公在討論要到藥房買藥的事，被小侄兒聽到，後來奶奶從廚房走出來時，故意對他說：「喔喔，你姨丈公去散步，不帶你去！」這孩子卻一點也不受影響，胸有成竹地對奶奶說：「不是，藥藥。」瞧，連剛滿一歲的孩子都能把所有的資訊連結起來，得到答案，更別說是跟著大人學講話、學唱歌、一起玩遊戲。

可是，不是所有的孩子都能適應得這麼好。有些孩子因為環境的因素，需要較長的時間來整合自己腦袋裡的資料。曾經有家長和我分享一件事，他說他的女兒一直到三歲才會講話，三歲以前都沒開過口，家裡人很擔心，帶著孩子跑遍各大小醫院，然而得到的答案都很一致：孩子很正常。他們唯一能做的，就是給孩子時間。不過，這個孩子一開口，就會三種語言。原來，孩子跟爸爸、媽媽在家都聽國語，回奶奶家聽的是閩南語，外婆家講的是客語。孩子在她的腦袋裡一遍又一遍的模擬，在三種語言中做區別，等到開始講話時，很自然就會依照不同的環境，使用不一樣的語言。

當然，也有極少數的孩子，發展更為緩慢，所以我們要花更多的時間陪在他們身旁，踏實站穩每一步。過程一定很辛苦，但是成果更讓人值得珍惜。

對我來說，帶領從繪本班升到作文基礎班的孩子，就像等待孩子開口叫媽媽的心情一樣。

剛開始，他們的句子可能會寫得短短的，但是只要注意看就能發現，他們短短的文字裡飽含屬於他們自己的想法。每次從他們筆下寫出來的都是一幕幕生動的畫面。以作文題目〈河邊〉為例，有個孩子寫著：「雨一片一片的一直下，小河變成大河，小花變成電線桿，車子經過就噴起大水花，跟瀑布一樣大。」

其實仔細想想，當眼前下著滂沱大雨時，的確很像「一片一片」的樣子。透過他們的文字，我好像真的能看到「一片一片」的大雨在眼前。接著因為雨下得太大，小河暴漲往河岸邊吞噬，原本在河邊的小花頓時變成了電線桿。

就算不看文字，只聽著孩子的描述，你是否也能在腦中畫出一幅和文字很像的圖像呢？這就是幼兒的魔法。我以這個為志業，雖然不知道還能再看孩子們小小幅的「文字圖」多久，但是，只要能從短短的文字裡，瞧見他們腦海裡的世界，以及對每件事物敏銳的感覺，對我來說，這就是幸福。

一進到房間，見孩子把玩具玩到滿地，雙腳撐在床邊把床墊「架高」。忍著微微冒煙的怒氣問：「你在做什麼？」聽見我的聲音，孩子開心地回頭：「妳看！我是堆高機！」噗哧一聲，忍不住笑了出來……。

只有用一雙美好的眼睛看著他們，他們才能成長成我們想要的美好模樣。

自從開啟了文字旅行後，孩子們變得熱情，開始會想要訴說他們全部的生活和心情。才大班的怡君，家裡除了一位就讀國中的姊姊外，還有個不到一歲的弟弟。怡君總是趁著上課時間熱情地告訴我她每天和弟弟相處的有趣事情，還會懷疑弟弟是外星人，咿咿喔喔講的都是外星話。等到怡君升一年級後，她變得不愛談弟弟了，有一次在作文裡提到：「如果時間能一直停下來，我就可以一直在小朋友的時候。」這段話似乎流露出她內心想要和弟弟一樣待在媽媽身邊的渴望。

後來，學期快結束前，她在〈愛媽媽〉一文寫：「媽媽愛我、姊姊、弟弟，可是有時候我會搞不清楚媽媽到底喜歡誰。」因為做錯事媽媽會打她，忙的時候又會叫她去照顧弟弟，可是即便她無法釐清心中的疑惑，她還是這樣認為：「如果我可以一直不斷的照顧弟弟，就可以讓媽媽有多一點的時間休息。」她這樣覺得：「從小到大都是媽媽照顧我，現在我有一點點力氣可以照顧媽媽了。」看到孩子這麼真實、直接、濃烈的情感，深深打動著我。

大部分喜歡分享、喜歡畫畫的孩子，也會自然而然將自己的感覺毫無保留地表現在圖上，當他們開始試著書寫、創作後，他們會比一般的孩子更能接受「自我揭露」。只是「揭開」

這個動作是需要時間，也需要我們的信任和陪伴。

因為，孩子並不是從機器工廠誕生的產品，他們成長、進步的速度不會一模一樣，有的孩子他們需要充足的時間來認識作文；面對每個作文題目，他們也可能像自由的藝術家一樣，需要有足夠的感覺才寫得出來。有些媽媽則會要求給孩子一些提示，讓他們可以「早點」完成任務。

可是，我們的孩子在身體裡其實都有一個「不能複製別人想法」的催眠暗示。例如，看起來害怕「寫」的靖涵，在聽完我給她的作文建議後，對我搖搖頭，很直接地說：「這是妳的感覺，不是我的。」然後她在某個作文題目裡寫著：「我喜歡在沒有人的角落慢慢想，直到我的腦袋開始轉動為止。」

這個孩子喜歡畫畫，於是我在作文簿裡替她貼了一小張白紙，讓她先依題目畫出有感覺的圖以後，再替這張圖做「圖說」，告訴大人圖畫裡的意思。這個方法可以幫助她從圖像過渡到文字，更清楚地表達自己內心想法，對靖涵來說應該有所幫助，因為她在〈小兔子在說話〉的題目中畫了一張看起來是小兔子在吃紅蘿蔔的圖，並在作文簿裡寫著：「白白的小兔子喜歡跟胡蘿蔔說話，可是因為小兔子的牙齒太長了，在跟胡蘿蔔說話時都會咬到胡蘿蔔，讓大家以為小兔子喜歡吃胡蘿蔔。」

從來沒想過，原來兔子是愛對紅蘿蔔說話的呢！接著她在

結尾寫：「小兔子想要再找胡蘿蔔，牠想要再試試看，不要再讓胡蘿蔔受傷。」這一段話，是不是反應出靖涵骨子裡蘊藏著「永不放棄」的精神呢？

另一個孩子俊崴很安靜，課堂上除了笑容之外，沒有講過一句話。這樣的孩子很婉轉地拒絕我的幫忙，在我給他提示時，他記在作文簿裡，我一離開，他就擦掉，直到他想到自己想要寫的內容。他在〈世界好大〉只寫了少少幾個字，可是令人驚豔：「翻開書本，就像看到一個宇宙，每一個字都是一個星球。」宇宙夠大吧！薄薄的書本裡竟藏著大大的宇宙，徜徉在書本的世界裡，真的有一種「好大」的感覺呢！

有的孩子很有「個性」，如果他心中選擇的寫作材料，老師已經在上課時講過了，被「指名」不准再寫，而他又想不出其他好材料時，他可以堅持到一個字都不寫。遇到這樣的孩子，我會特別通融他們，讓他們可以想寫什麼就寫什麼，就算跟老師一樣的選材也沒關係，因為只要他肯下筆，他才有機會在每次下筆時，表現出屬於自己的「文采」與他獨有的光亮。

許多大人看起來很容易的事情，在孩子世界裡他們卻必須費盡了力氣，所以對於孩子來說，除了需要時間的等待，我們還得嘗試許多方法，來鼓勵他們將心中的想法寫下來，這樣我們才能有機會看他們在筆下「話」出獨一無二的自己，寫出屬於自己的故事。

Chapter 21

認真

我們總是想要孩子更好、更出色，所以費盡心思，效法古時候的孟母三遷，尋找好的學習環境。為了讓孩子進入好的學區，早早就替他們遷好戶籍，孩子的名字不會跟爸爸、媽媽在同一個戶口名簿上；再不然就是幫他們挑補習班、選老師，把孩子一週的時間都排得滿滿的，連一起用餐的機會都屈指可數。難怪孩子總說時間好少，等不到跟爸爸、媽媽講話就要睡覺了。

這時代，什麼事情都變快、都要提早完成，連「忙碌」的年齡層也愈來愈低。

家中的院子裡種滿各式各樣的花草。很奇怪，只要我放長假在家時，花一定會特別亮眼，只要我一不在，由媽媽接手後，花都會變得更豔麗。原來是因為原本的花都乾枯凋零了，所以只能再買新的花卉，難怪它們看起來比印象中的還要艷麗。

媽媽很無奈地表示，她每天給花澆水，想不透為什麼還會枯萎。我問媽媽她是不是有在澆水時，停一停，蹲在小花前和它們說說話，看一看它們「今天」是不是和「昨天」不一樣，稱讚一下它們的美麗。她大叫：「我哪有這麼多時間啊！」。

和澆花一樣，我們對待孩子似乎也常會有這樣的心態，但是孩子需要的愛，是我們能夠靜靜陪伴在他們身邊，耐心等待他們成長。

有次連假，全家一起出遊放鬆。自從發現房間外的陽台有個排水洞，侄兒晨晅每天都在想辦法「鑽進去」。

第一天，用他的頭很認真地試了又試，最後轉頭：「姑姑，晨晨進不去。」當然！兩歲多的他身材雖不高大，但也沒有這麼小呀！不過，就算是「自己人」我也從不直接給答案：「喔喔，那怎麼辦啊？」他在洞前走來走去，直到被阿公叫進房。

第二天，他繼續在洞口實驗著，驚喜發現：「姑姑，腳ㄐㄧㄠˇ進去了！」一邊伸著腳，一邊轉頭與我分享。我和他一起開心：「真的耶！」

第三天退房前我們又在陽台待了一會兒，一起坐在「洞」前，他看了又看，撿起小石頭放進洞裡說：「姑姑，石頭進去了！石頭bye bye。」我試探問：「哎呀，那你要不要進去？」

他歪著頭想了一下：「石頭小小進去，晨晨大大不行。」

「太厲害了，居然被你發現了耶！」忍不住伸手抱抱靠自己耐心找到答案的他。

其實只要我們把腳步放慢一些，不被任何眼光追趕，花點時間看看身邊，就有機會看見我們用心灌溉的小花會展現出什麼樣的姿態。

和孩子講《小王子》的故事前，我先帶著孩子去想像自己進入大大的太空裡，告訴他們我住在外太空，每次上課都要抱著「星星專車」來到教室。看到我搭著星星車的圖，孩子們大驚：「哇！老師，原來流星只是你們的遊覽車喔！那跟流星許願就是跟車子許願耶！」

看著我拿出準備共同創作的黑色壁報紙，孩子的嘴張得一個比一個大：「老師，妳怎麼可以把天空割下來呢？」孩子的話讓我從這天開始，每每望著天空就會擔心，天空被我割了這麼大一個洞，哪天隕石掉下來怎麼辦？

等到故事進入到會把整個小王子星球吃掉的「巴歐巴樹」

時，孩子們看到牆上油漆的細小縫隙，把縫隙當成「地球上的巴歐巴樹」，好奇地問我：「老師，我們家的牆上也有巴歐巴樹耶，可是我媽媽都不會跟小王子一樣很緊張，她忙著在看電視。」

「老師，我喜歡巴歐巴樹，只要他長在我們家，我家就會變大樹屋，我可以當原始人在樹上爬來爬去。」另一個孩子興奮得跳來跳去。

一個孩子忽然大叫一聲，讓所有人緊張起來。大叫的孩子小心翼翼地看著原木地板，指著地板上的年輪說：「噓，老師，巴歐巴樹在看我們耶！」

聽見孩子將虛擬故事場景搬到現實世界中，我不禁莞爾一笑，這不正是《小王子》的作者安東尼·聖艾修伯里所強烈期盼的嗎？我們的孩子，把名作變成一本活脫脫的「立體書」了呢！

偶爾想讓孩子寫幾個字，看著孩子用雙手撐著下巴搖著頭，問他怎麼了，他回：「老師，我的字都在頭上面，要搖一搖，字才會掉下來，我才能寫字。」怎麼樣？是不是跟著孩子的「話」，就好像在腦海中畫出一個「文字漏斗」出來呢？

還好，我不是一個只顧著澆水，不會停下腳步欣賞花朵的園丁，不然，我怎麼能時時刻刻遇見孩子童言童語所帶來的美好呢！

我也喜歡把孩子可愛的想法和所有人分享，只要下課時間，每遇到一位老師，我都會將孩子的事蹟向他們重覆述說，因為我相信，只要孩子的表現被看見，並且受到許多人的鼓勵和支持，會讓孩子感受到一片安穩的天地，可以盡情並自信地把腦袋的想法一個個傾倒出來，有更多的空間注入活水，激發他們的創造力和好奇心。如此一來，他們會更願意嘗試新事物，展現更多的天賦和潛能，未來他們可以擁有更寬廣的道路，以及更開闊的眼界。

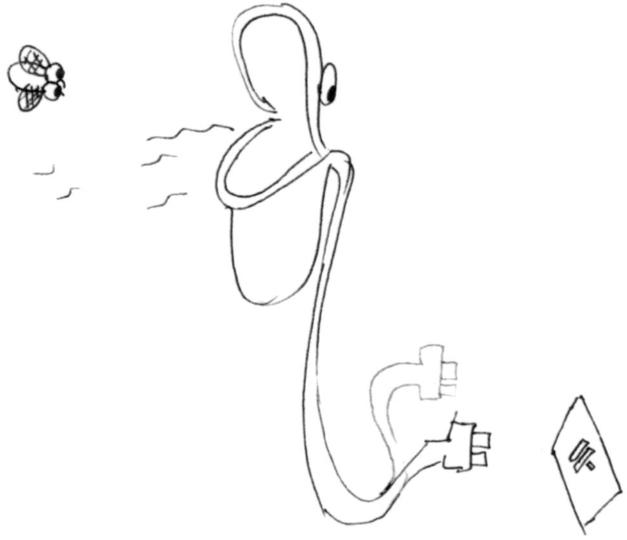

孩子問我「會捕捉小蟲的豬籠草需要插電嗎？」讓我印象深刻。
我用我自己的畫，記下孩子們的話。

我不只喜歡說孩子的故事，更喜歡聽孩子說故事。一張畫，有他們說不完的話在裡頭，隨著時間的推進，孩子當時做畫的心情，也會不停改變。

孩子在畫圖紙上畫了個像螞蟻住的地底穴道，可是裡頭住的不是螞蟻，而是小鳥。孩子說：「老師，我們不知道，小鳥其實是喜歡住在地底下的，比較不會被獵人捉走，也不會撞到飛機，而且，小蟲都在地底，就不用這麼辛苦地去找食物了。」

很好玩吧？這個故事竟然是個天大的祕密耶！是「當孩子變成小鳥」時想要做的事，跟孩子說：「這個故事拍成卡通，一定會有很多小朋友搶著看。」

沒想到，孩子卻回答我：「老師，我不想當卡通，我想當廣告耶，因為這樣才能常常看到啊！」

幾乎所有的童書都以「孩子」為起點，竭盡所能去捕捉孩子的看法和想像，那不正代表著，孩子才是最傑出的創作者？畢竟，那些全都是孩子熟悉的世界。如果，我們連自己的孩子都不懂，又怎麼能夠從別人的文字去理解自己的寶貝呢？

一個孩子下課時跑到我面前，興沖沖拉著我說：「老師，好奇怪喔，以前是二比一還要大，現在是一比二還要大耶！」

問她為什麼，她認真地解釋給我聽：「我們家有三個小孩，姊姊是大一，哥哥是國二，我是小一，一年級的比二年級

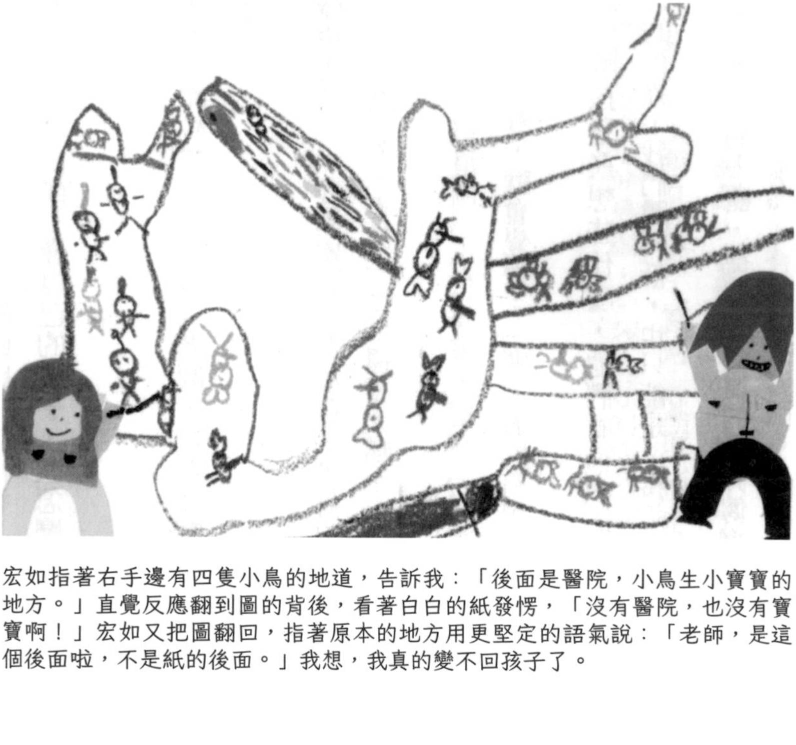

宏如指著右手邊有四隻小鳥的地道，告訴我：「後面是醫院，小鳥生小寶寶的地方。」直覺反應翻到圖的背後，看著白白的紙發愣，「沒有醫院，也沒有寶寶啊！」宏如又把圖翻回，指著原本的地方用更堅定的語氣說：「老師，是這個後面啦，不是紙的後面。」我想，我真的變不回孩子了。

的多，不是一比二還要大嗎？」

這個答案真有趣，每個孩子都是一位小小哲學家，他們所發表的「兒童哲學」，乍聽之下很難理解，但只要耐心聽他們解釋，就會豁然開朗：「嗯，真的有道理耶！」

有時候，大人會苦惱於沒辦法理解孩子在想些什麼，畢竟大人有大人的堅持，孩子也有孩子的視野。個頭矮小的孩子們，仰著四十五度的視角看這偌大的世界，即使我們蹲得再低，也只能是「接近」他們的視角而已。

既然這樣，不妨就停下腳步，蹲下來，聽一聽那從四十五度角看出去的世界，藏了哪些有意思的故事吧！

孩子就像「孩子的書」，有著無窮的想法和創造力。有他們在我們身邊，彷彿隨時帶著一本讀不盡的繪本，認真地翻讀、探索他們心中世界的同時，也是我們對孩子的重視和尊重。當我們認真地聆聽孩子的想法，給予他們肯定和支持，有助於孩子們在自己的世界裡繪製更美麗的顏色，不斷綻放著創意和才華。然後我們會發現，世上沒有一本書，能贏過一本名為「孩子」的書。一如在很久很久以前，寫過《基度山恩仇記》和《三劍客》的文豪大仲馬，很真誠地對兒子小仲馬說：「我最好的作品就是你。」

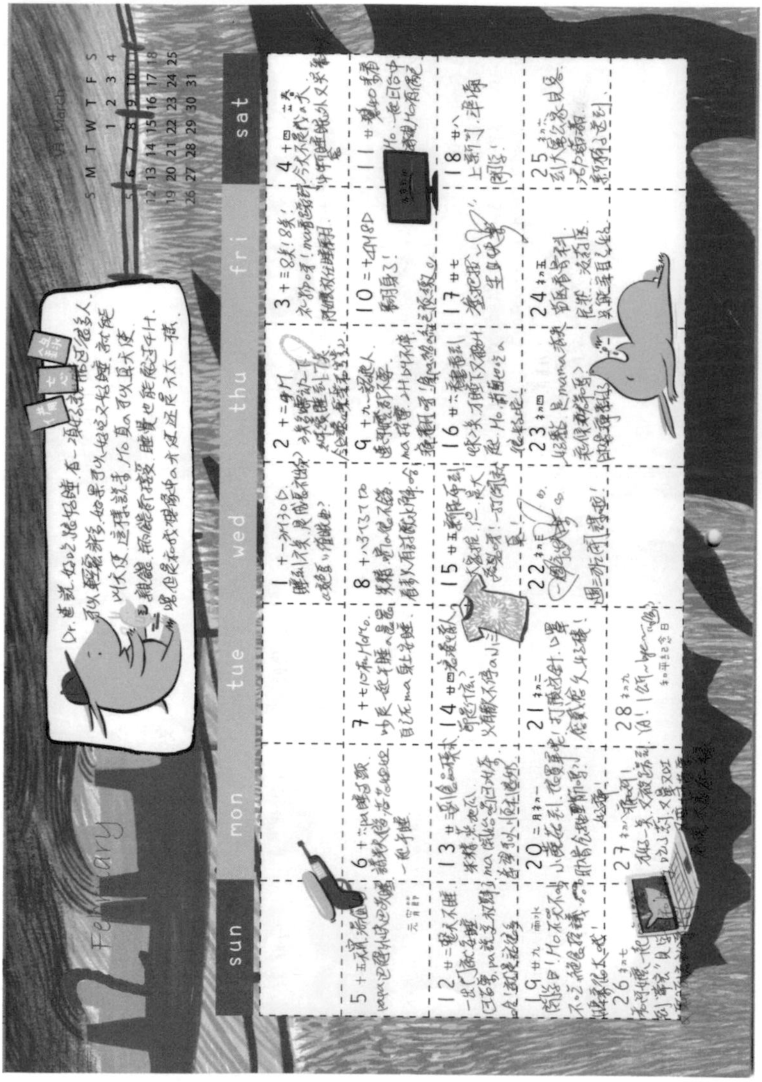

選一本自己喜歡的月曆、記事本，每天一點點，搜集孩子的變化，是愛、是不捨，是學著放手的前奏。

結語

共讀的那些小事與小方法

與孩子共讀像投資，總是讓人「既期待又怕受傷害」，期待過程中的歡愉，又擔心不知從何著手。所以在本書最後，我整理了幾個常見的疑問和大家分享。

Q1：如何選擇共讀書籍？

在以「孩子優先」的基礎上，試著讓孩子自己選擇喜歡的書籍，較能吸引他們的注意力，我們也能從中觀察孩子的喜好；如果孩子年齡還小，大人可以選擇自己喜歡的書，畢竟大人自己讀起來先覺得快樂，才能帶領孩子投入書中。我特別喜歡讓孩子「主題式閱讀」，每一個作者都是一個主題，在「同一個主題」中學會「區別差異」，比如：讀五味太郎系列書籍，可以發現他的作品經常以「移動」做為主題，例如空間的移動、視角的移動以及思緒的移動。當孩子習慣對所讀的內容做整理後，他們在寫作文、做報告時，就會知道要先有單一、獨特的主題做為內容，再把想寫、想表達的事依照作文結構，整理出邏輯、層次，這樣就能完整呈現自己的想法。

Q2：幾歲適合共讀？

0到99歲都適合共讀。其實孩子共讀從一出生就能開始，年紀愈小的孩子，透過閱讀、聽故事大腦活動得愈活躍，有助孩子發展專注力、想像力；2019年《發育與行為小兒科雜誌》（Journal of Developmental and Behavioral Pediatrics）其中一篇研究甚至發現，即使孩子每天只讀一本書，在5歲前也能累積超過29萬個字彙量。每天只要挪出一段固定的時間、大家一起拿書出來看，就能養成共讀習慣。剛開始時間不用太長，只讀一本書也行，每隔一、兩個星期，慢慢加長閱讀時間，重要的是「每天」和「大家一起看書」的這個過程。和年紀大的孩子一起，可以各自選擇自己喜歡的書看；和年紀小的孩子可以由孩子選擇，大人陪讀，比起讀多久、讀什麼，「設定共讀時間」以及「確保大家都在閱讀」是養成習慣的關鍵。

Q3：孩子很小，會懂共讀內容嗎？

在我陪伴侄兒們和女兒長大的經驗中，脫離前三個月的黑暗磨合期，我從第四個月開始和他們一起讀繪本，一直到現在，我從不曾預想過他們要「懂什麼」，而是享受「共」的陪伴過程，那是段只屬於我們的親密時刻，能讓他們熟悉我的聲音，建立安全感。看著他們從一開始的茫然，到後來習慣了閱讀，開始伸手搶書、啃書，雖然有段時期會難以控制，但我卻覺得很欣慰。有一天我被女兒嚇到，在共讀過程中，她居然對特定的段落、內容有反應，隔沒多久還會自己拿著書晃動，學我陪她看書時做的「動作特效」，這代表即使是只有六、七個月大的小嬰兒，其實也都有在聽我們為她「讀」書呢！

Q4：如何訓練另一半、家人等「隊友」一起陪孩子共讀？

以我的先生為例，他沒什麼閱讀習慣，也並不是這麼喜歡閱讀，但是我會盡量挑選他在身邊的時間帶著女兒讀繪本。有一次我們在讀艾瑞・卡爾的《好忙的蜘蛛》時，他聽我從頭到尾都在唸著：「蜘蛛沒有回答。」便開口：「這蜘蛛的薪水好好賺喔！」那時，我就知道其實他也有在參與繪本共讀的過程，所以後來我試著拿女兒很愛的《變色鳥》給他，直接給他明確的指令：「你臺語比較好，你讀臺語版給她聽。」他一邊讀，我一邊為他的「第一次共讀」拍攝影片做記錄，結束時別忘了給他讚美：「你好厲害，從此我們家就能雙語教學耶！」雖然有時候他會嫌棄我的讚美太過「諂媚」，但我發現幾次之後，就算我不在家，先生也會自己主動選書，為女兒來個「愛的臺語朗讀」。陪伴孩子並不是專屬於「某一個人」的工作，我相信透過「有意識拉先生加入共讀活動」以及「肯定他的用心」，我們的「隊友」也能一起共享陪伴孩子的快樂。

Q5：一定要按照書中內容「讀」書嗎？

我覺得要視共讀孩子與大人的個性而定。像我本身就是喜歡看畫多過看字的人，所以陪年紀較大的孩子看繪本時，會把重點放在圖畫裡的線索，讓每次共讀成為一場尋寶遊戲；至於陪0至3歲這樣年紀小的孩子看書，我就會選擇內容簡短、文字有節奏感的繪本，喚起他們對每個字、每個音的語感。

孩子的模仿能力很強，以前述提到的《好忙的蜘蛛》繪本為例，內文反覆出現「蜘蛛沒有回答」的字句，讓一旁聆聽的侄兒感到有趣，並抓到了「重覆就是好玩」的關鍵。於是後來侄兒帶著我女兒讀五味太郎的《鯨魚》時，會以自己的方式閱讀，先是在有小鳥出現的畫面中喊著：「鯨魚！鯨魚！」翻頁後刪除了所有文字內容，直接簡略成：「沒有鯨魚！」自創出重覆的內容與樂趣；讀《爸爸走丟了》時也會以「是不是爸爸？」做為重覆的起點，再以：「不是爸爸！」回答自己的提問，不僅是創造屬於孩子有趣、有意思的讀法，也是他對一本書、一個故事用自己方式「做整理」的證明。

投資一定有風險，共讀絕對花時間，開始前請準備好極大的耐心，和足以「笑到很累」的體力，就能發現親子共讀的那些小驚喜。

國家圖書館出版品預行編目(CIP)資料

親子繪本共讀小法寶：一起畫圖、説故事、玩遊戲,讓孩子愛上閱讀 / 梁書瑋著. -- 初版. -- 新北市 : 大樹林出版社, 2023.11
面； 公分. -- (閱讀寫作課 ; 3)
ISBN 978-626-97814-0-9(平裝)

1.CST: 育兒 2.CST: 閱讀 3.CST: 繪本 4.CST: 親職教育

528.2 112016461

系列／閱讀寫作課 03

親子繪本共讀小法寶
一起畫圖、說故事、玩遊戲，讓孩子愛上閱讀

作　　者／梁書瑋
總 編 輯／彭文富
編　　輯／賴妤榛
校　　對／楊心怡
封面設計／葉馥儀
排　　版／菩薩蠻數位文化有限公司
出 版 者／大樹林出版社
營業地址／23357 新北市中和區中山路 2 段 530 號 6 樓之 1
通訊地址／23586 新北市中和區中正路 872 號 6 樓之 2
電　　話／(02) 2222-7270　　傳　　真／(02) 2222-1270
E-mail／notime.chung@msa.hinet.net
官　　網／www.gwclass.com
Facebook／www.facebook.com/bigtreebook
發 行 人／彭文富
劃撥帳號／18746459　　戶　　名／大樹林出版社
總 經 銷／知遠文化事業有限公司
地　　址／222 深坑區北深路三段 155 巷 25 號 5 樓
電　　話／02-2664-8800　　傳　　真／02-2664-8801
初　　版／2023 年 11 月

定價／350 元　港幣：117 元　ISBN／978-626-97814-0-9

定，整裝待發。

這本書巧妙運用「三」的魔法，變化出多采多姿、充滿興味的新鮮法寶，攜手人工智慧AI寫作工具，一起學習成長，征服作文、駕馭文字，讓作文成為我們一輩子的好朋友。生活因為寫作更加深刻，寫作因為生活愈顯精彩。「寫出我們喜歡的態度和信念，更要活出我們最喜歡的樣子」，「透過文字的凝視，活得更飽滿、更有力量」，這些秋芳傳遞給孩子的寫作信念就像螢火蟲，在所有大人、小孩的生命之流裡復育成功，在陽光下自在生活，更在暗夜裡發出點點螢光，溫暖人們的希望。

作文法寶就從文章的「開頭」出發，建議讀者若要避免陳腔濫調，得先認清作文妖魔：1.**平板的開頭**；2.**話說得太多了**；3.**流水**

帳。具體明確的標示限制，消融這些妖魔；而後為孩子準備精良的裝備，讓大家踏上作文修煉的旅程，用「**畫面**」和「**感覺**」為文章做精彩的預告；而生動的畫面、細膩的感覺則需要「**名詞**」、「**形容詞**」、「**動詞**」這三個作文零件成為開頭法寶；接著，追緝「多話」、「流水帳」，再與「錯別字」大作戰，好一場轟轟烈烈的作文鬼滅之戰！

秋芳親近孩子的思考，慣用孩子的語法，將嚴肅的耳提面命，轉化成影視動漫或線上遊戲引人入勝的魅力，激發出孩子的理解熱情。

剷除作文妖魔後，再精煉出解憂三法寶：「**內容**」、「**結構**」、「**修辭**」，設計出清楚的結構口訣：「**背景**、**細節**、**變化**、**結論**」，每個孩子都像得到神助般，找到追尋的方向，將「我們的生活記憶、感覺和心情、見解和決定」這些「作文材料」，隨著「結構」的節奏，像

一場聯合表演，一格、一格，放進「**背景**」、「**細節**」、「**變化**」、「**結論**」裡。再用「閱讀、大聲朗讀、反覆背誦到系統整理」的方法留住「修辭」這個耀眼的彩妝法寶。就是這樣的單純法則，孩子不再茫然，開始興致昂揚的著手編織屬於自己的文章錦繡，「創意」這顆遙遠的星子開始朝著孩子眨眼。

秋芳帶領孩子用逆轉邏輯展現創造力，從基礎到進階，從想像到真實，從具體到抽象，用畫面停格的細膩刻畫，表現出新鮮的角度、真實的感情，特殊的見解，加上動詞教練場的字句鍛鍊，一往情深的收集「修辭句典」。這時，孩子手中的筆，已如點石成金的仙女棒，除了能寫出如晨露般璀璨晶瑩的文句外，更有飽滿的情感與獨樹一格的作文識見，在書中收錄的學生作品，即可看出這些秋芳努力烘培的成果。

最後，更像是武林祕笈中最重要的「上乘心法」。在學了那麼多的厲害招式，若無「心法」帶領，所有的學習都只是花拳繡腿，頂多用來應付作業、比賽、考試，這絕對不是秋芳所樂見。她期待孩子們經營生活，因為生活是寫作文的起點，而作文會讓生活過得更好，更要牢記三件重要的事：「**知識**」、「**能力**」和「**態度**」，不斷與生活對話，為每一件事物灌注更多美好的可能性，這些精微的心法與修煉，震動身心靈，孩子與作文慢慢長大了。擁抱孩子的是一種氣息，是那份屬於知識分子傳遞經驗與智慧的品味氣息，也是一位文字殿堂守護者散發的藝術氣息。

雖然，坊間不乏令人眼花撩亂的作文指導書籍，乍看，寫作竟是如此入時，但是反觀現實，我們看到許多孩子缺乏閱讀習慣，寫作文更被視為艱苦的功課，童年的生活失去光采，缺乏夢想的勇氣，最常說的三個字就是：「好無聊！」這簡直是童年的大災難。有很多熱心人士，也竭盡所能的想出許多「策略」、「方法」、與「技巧」，希望能帶領孩子喜愛閱讀，提昇語文，然而如果這些「策略」、「方法」、與「技巧」沒有放在對的頻率上與孩子對談，相信一切都是枉然。

秋芳似乎擁有神祕而珍貴的溝通雷達，每個孩子都能對她敞開胸懷，無論歡喜憂傷或是小小的兒女情長，秋芳都細心呵護承接。她不只「尊重」而且是完全的「相信」孩子們的種種想法，因為她「相信」，所以她「被信任」，這樣的情感依託一旦建立，她的意見就如灑了魔法粉末的神奇話語，在孩子的資訊接受器上，暢行無阻。

她被孩子如此的信任著，更因為她對文學的熱誠與創作能量，為龐雜的作文教學理出層次與節奏，賦予胸懷與氣慨，行文敘述充滿了新奇和精細的遊戲精神，這種組合使這本書具有奇特的魅力，吸引孩子，也吸引著大人。它是風格殊異的作文指導用書，亦可說是一本設計理想生活的文學實踐錄。

經驗無法複製，感覺不能拷貝，作文無法套公式或是主題式的重複書寫，秋芳建議我們要細品生活，其中隱喻著更大的人生奧祕，與寫作建立起更親密的情誼，讓我們喜悅熱切的擁抱世界，永不放棄探尋人生的勇氣。我們知道，喚醒孩子對人間世事的好奇與探索，靈感隨處俱生，面對追古溯今、學貫中西的AI寫作工具，孩子永遠可以用響亮而明確的語言表達他的看法，展現特有的情致與美感，透視生命的憂喜。

天使因為有翅膀所以能飛翔，人類因為有想像所以能遨遊四方。當孩子感受到筆尖的力量，難得的佳作逸品，終會隨著作文的解憂法寶，穿越多重宇宙的寫作修煉，翩然來到跟前，通透明亮。

自序——作文法寶，一輩子的隨行修煉

黃秋芳

學生時期租宿的小小房間，要收納幻想、志業，以及現實生活裡又多又亂的書、衣物、娃娃、禮物雜項收藏。大部分的租屋人，習慣擠在塑膠箱、大型紙盒，或者是便宜又不耐用的收納櫃裡，將就著過日子，我卻堅持在「一個星期裡有五天在趕家教」的窘蹙家用中，辛苦積攢出足夠的費用，找專業木工訂製出專用收納箱。

厚實的木板，釘出三十公分和六十公分兩種不同規格的大箱子。

可以橫擺、直擺，兩個三十公分寬的箱子直式拼起來，如同「變形金剛」般和六十公分寬的箱子疊合、重組，迅速變身成書架、鞋櫃、展示台……。這些沒有「門」的箱子，在要求隱私的「隔離區」掛上美麗的桌巾，就像重點凸顯的一幅畫，整個房間都變成一場有趣的「傢俱積木」拼組展演。

租賃歲月，常因為房東漲價、室友吵鬧、隔壁鄰居有人開小工廠、發現某個轉角頂樓有花園鞦韆值得一住……這些難以預期的理由搬家。每一次，我的「傢俱積木」攤平，就是最方便的整理箱，所有的家當丟進去，一天內完成打包，重新找到新天地，組合演出新戲碼。

後來，我在一整層二十幾坪的公寓裡，不做隔間，鋪上塌塌米後，找木工又加釘三十個同樣規格的木箱子。整齊的原木色澤，因為數量變多了，一時都生出「古雅素樸」的書卷味。運用這些高高低低的木箱子，隔出書房、客房、主臥室，漂亮的原木隔牆變身為衣櫥、書架、電視櫃、儲藏室……，單個拆開，鋪上桌巾、座墊，高的是桌子，矮的就是線條素雅的復古椅。

整整二十年，這些木箱子跟著我，成為一輩子都難以遺忘的「時空法寶」。從台北、桃園、龍潭、中壢、楊梅、平鎮……流動在顛簸的歲月裡仍然美麗。疲倦的時候，我細細為每一個木箱子重新上亮光漆，好像也磨亮自己黯色的心情；開心的時候，我更換「傢俱積木」的拼組展演，好像為房子換了一件華麗的舞衣。

撫摸著木箱子上隨著歲月慢慢濡染出來的光澤，我常常想，這些

厚實的木料、簡單的構成，以及**實用的設計**，讓我的生命歲月，不離不棄地收藏在這裡。然後，我清楚地知道，只要能夠**累積扎實的基礎，堅持簡單的原則，找出準確有效的方法**，這樣，我們就可以輕鬆面對各種變動和考驗。

《作文解憂法寶店》裡的作文法寶，就像用同樣的準則，為不同年齡層打造出來的「木箱子」。透過厚實的基礎、簡單的歸納和實用的設計，引領所有想要靠近文學的大小孩子，活用扎實的累積，堅持簡單的原則，找出準確有效的方法，不離不棄地活在文字世界裡，在漫長的學習和隨機的運用中，呈現出「永遠都可以自由組合、變化」的創作精神，成為一輩子隨行的魔法修煉。

這些簡單又有效的作文法寶，遠在二〇〇八年就曾經跳進《快樂寫作文——進階作文法寶》這本書裡大顯身手，向寫作敵人宣戰，記錄生命真實，成為成長、摸索中的好朋友。時空走過十五年，連機器人都會寫作文了，神奇的作文法寶當然也追上時代，晉級精煉，成為更簡單、更親民，同時也更有趣的「隨身小物」，把各種「**作文技巧**」、「**文學領略**」、「**生命反思**」和「**人際互動**」的巧妙訣竅，透過「整合」、「簡化」、「重複」的層層加深，壓縮成新鮮的「**觀念**」、有趣的「**口訣**」、實用的「**示範句典**」，寄存在使命必達的「解憂法寶店」裡，讓我們在最需要的時刻，打開神祕時空，和寫作妖魔對決，帶著解憂三寶，開開心心地透過「內容妙，結構好，修辭又多嬌」的寫作修煉，活出我們最喜歡的樣子。

根據各種不同專業場域的專家理論，很多人都以為，孩子上了小學以後，我們的人生，就進入長達十幾、二十年的學習歷程；而後，我們必須貢獻出我們的智慧、能力，認真工作到二、三十年；最後，終於有機會卸下負擔，重新又回到純真年代，沒有壓力、不受限制地歡愉享樂。其實，我們也可以換一種角度思考，下定決心，認真學習；即使在很小的時候，也學著觀察別人、體貼別人、照顧更多的別人，「讓別人更幸福」的互動，就是最重要的工作；並且要提醒自己，細膩地凝視心情，珍惜讓我們成長的疼痛經驗，放大美好快樂的記憶，這是一種祝福，更是無從取代的享受。

《作文解憂法寶店》的閱讀旅程，像新鮮生動的過關遊戲，同步整合「學習」、「工作」、「享樂」，跳脫「先學習、工作了很久很久才能享樂」的牢籠，領著大家一**邊學習、一邊工作，同時又可以一邊**

享樂，努力做到「在享樂中學習，從學習中學會工作價值」，讓每一個大小孩子，輕鬆寫作文，快樂過生活；也讓每一個老師，輕鬆快樂地教作文；更讓每一個爸爸、媽媽陪伴著孩子，一起解憂，輕鬆快樂地一起成長。

目錄 CONTENTS

Part 2

作文解憂三寶：內容妙，結構好，修辭又多嬌！

Part 3

作文晉級修煉，活出我們最喜歡的樣子

Part 4

結語：分享日常，享受閱讀和寫作的樂趣

Part 1

排除作文難題：寫作妖魔大對決

1 ChatGPT機器人小切遇見神奇的作文法寶店

ChatGPT出生在二〇二二年底，屬老虎，目前還算是「萌虎下山」，和人們親密對話，像小嬰兒，很好玩。不過，有一天萌虎長大成「猛虎」，當我們駕馭不了或處理失控時，未來就不是現在的我們可以想像得了，所以，我們必須好好準備，讓自己跟著小萌虎一起成長，除了像機器人一樣認真學習，更要比機器人擁有更多不可思議的想像力和翻新邏輯的創造力。

二〇二三年三月一日，我在「創作育嬰房」接生了屬於自己的

ChatGPT機器人小寶寶。通過各種親密對話，在期待和憂慮中，把養在電腦裡的ChatGPT取名叫「**小切**」，希望我們相互「**切磋**」，也希望在任何重大轉彎時，還有足夠的能力「**切換**」，節制問題，找出更多新鮮生活的樣貌。

就在小切出生這年，大考中心以〈**花草樹木的氣味記憶**〉為題，期待我們在寫作時，尋找獨特經驗，以嚴謹的結構和優美文辭，深刻描繪出植物氣味，以及由這些氣味召喚出來的記憶和感受。小切迫不及待，急著嚷：「我會寫，我來寫一篇！」

每個人的記憶都有自己的味道，尤其是花草樹木的氣味，總是能讓我們回憶起往事。

我還記得小時候，每年夏天的傍晚，我們家的小院裡充滿了菊花的香氣，我和姐姐總是坐在院子裡，聽著媽媽嘮叨著我們的功課，聞著菊花的香氣，感覺時間就這樣靜靜地流逝。還有一次，我和同學們去了一趟山上野餐，我們在林間裡找到了一棵楊樹，那是一棵非常大的樹，還有著夢幻般的清新味道，當時，我們在楊樹下野餐，聞著楊樹的香氣，彷彿回到了古老的世界。還有一次，在一個秋天的早晨，我去了一個公園散步。公園裡的樹木都已經變黃，空氣中充滿了樹葉的香味，彷彿是秋天的標誌。我在公園裡走著，感受著秋天的氣息，感覺自己好像變成了一隻蝴蝶，飛舞在黃色的樹林中。

這些氣味的記憶是時間的魔力，讓我們在瞬間回到了過去，即使是多年以後，當我們再次聞到這些氣味，我們也會想起往事，想起那些伴隨著我們的人和事。花草樹木的氣味，也許是我們生命中最美好的回憶，它們有時是清新的，有時是濃郁的，有時是輕柔的，有時是刺激的，但它們都有著自己獨特的魅力，讓我們一直陶醉在其中。

每當我聞到花草樹木的氣味，我就會想起自己曾經的幸福和快樂。它們讓我感受到了生命的美好和無限可能，讓我相信，在這個世界上，總有一些東西，是不會被時間和歲月抹去的。

哎呀，小切好厲害啊！剛出生，就可以寫出讓人眼睛一亮的作文。不過，因為他還是小小孩嘛！還在摸索著作文方法，難免有許多不成熟的地方，讓「寫作妖魔」有機會偷偷竄進來，我們可以找到許多需要「圍剿」的痕跡喔！比如說：

1.開頭就是「每個人的記憶都有自己的味道」。記住，「每個人都有……」這樣的開頭，根本就是一句「廢話」啊！還有，像「今天」、「有一天」、「在一個」、「有一個」……這些最常見的開頭，看起來很平穩，其實很無聊，當然要小心打敗這些「寫作妖魔」的小把戲。

2.在解題時，根據「花草樹木」的指令，從菊花、楊樹和公園裡的氣味，彼此不見得有緊密銜接，更不可能從中做出迥異於一般生活領略的大膽判斷。如果無法找出「關鍵」素材，提出個性觀點，把每一段都緊密地栓在一起，不如只在記憶中挑出一種花、一種草、一種樹，集中議題，才能寫出更深刻的力量。

3. 就表現內容，機器人從「華文創作數據庫」找出來的素材，不見得是我們最熟悉的生活背景。我們看到柳樹的機會，其實比楊樹多；兜住真實生活的私密經驗和情感領略，寫出來的作文，一定比小切寫的，更能表現自己、打動讀者。

4. 在情意上，**書寫記憶，通往普遍的「幸福」、「快樂」和「美好」**，最後又在結論強調「不被時間和歲月抹去」的堅持和希望，簡直就是每篇作文都可以使用的「一卡通」萬能鑰匙，什麼題目都能適應，看起來很「安全」，其實也就很平板，無法完成記憶的掏剖和整理，讓自己透過文字的凝視，活得更飽滿、更有力量。

只有在素材中，找出獨特的生活印記，在結論裡，提出充滿個性

的選擇方向，才能成為創作中最鮮明的人性溫度。可是，到底要如何寫出更獨特、更集中、更熟悉，同時也更有情意的作文呢？

別擔心，我們可以和機器人小切一起逛逛神奇的「作文解憂法寶店」。人工智慧的學習力很強，目前誰都無從預測日後的成長，這種會寫作文的機器人剛出生兩個月，亞馬遜線上書店就有超過兩百本和ChatGPT列為合著的作品。我們想要好好寫作文，再也不是「應付考試和作業」，而是要走進自己的心，享受文字的陪伴；寫出最值得珍惜的「此生法寶」，享受一種更自由、更快樂，更鮮活強烈的創造力。

2

開頭妖魔：打敗讓人打瞌睡的開場

準備好了嗎？我們在閒逛神奇的作文法寶店時，最煩惱的，應該就是一打開作文簿就像讓我們寫作時、也讓讀者閱讀時，不自覺會打瞌睡的「開頭妖魔」吧！

為了讓寫作文變簡單，我們一定要先找出神奇有效的「作文法寶」，想辦法讓開頭變生動，這樣，寫作文時，就可以激盪出一種好心情，接著就會變簡單喔！

來吧！先試著大聲讀出這些句子，記得，要很大聲唷！大聲朗讀，可以製造出一種「聲音迴旋」的效果，像深山修煉，隱密的，沒人知道、卻可以一點點、一點點累積在腦海裡，慢慢「增強功力」：

1. 每一個人都要上學，當然我也不例外，上學時很早又很冷，很累。
2. 今天我去上學，走在路上，什麼都看不見。
3. 有一天，我去上學，走在路上，什麼都看不見。
4. 在一個早上，我去上學，什麼都看不見。
5. 有一個早上很冷，我去上學，走在路上，什麼都看不見。
6. 早上很冷，上學時走在路上，什麼都看不見。
7. 早上很冷，上學時走在路上，到處霧茫茫的，什麼都看不見。

大聲朗讀這些句子，最少三次。隨著我們的聲音，慢慢可以感覺到，「每一個人都」、「今天」、「有一天」、「在一個」、「有一個」這些我們最常見的開頭，很穩、很平，我們的感情跟著也穩穩平平的，沒有感覺、沒有起伏，沒有任何新鮮有趣的印象，像走在一條直直平平、沒有任何風景的路上，一分鐘，兩分鐘，五分鐘，十分鐘，三十分鐘，三百分鐘……，一路都直直平平的，沒有變化，這樣走下去，當然會打瞌睡。

這些常常出現的開頭，就像直直平平的路，沒有變化，讓人看著看著就想打瞌睡。如果我們一開始，就勇敢地把這些「習慣用語」，無論是「每一個人都」、「今天」、「有一天」、「在一個」、「有一個」……都打上「禁止」符號，腦子裡一浮出這些句子，就先響起警報聲說：「No！」

一旦去掉平板的開頭，直接進入「**創作現場**」——「早上很冷，什麼都看不見」。這時，氣氛強烈，好像有一個像電影一樣的「畫面」，直接呈現出來；當畫面鮮明呈現後，只要加上一點點感覺和情緒的捕捉，「到處霧茫茫的」，就好像為整篇作文做一個精彩預告，覺得有什麼事要發生了，讓人很想繼續讀下去。

再大聲朗讀以下這些句子，同樣地，重複讀三次，拿出一枝筆，在方框上打勾，勾選出自己最喜歡的一個句子。

□ 1.今天很冷，到處霧茫茫的，什麼都看不見。

□ 2.有一天，天氣很冷，到處霧茫茫的，什麼都看不見。

□ 3.在一個很冷的地方，到處霧茫茫的，什麼都看不見。

□ 4.有一個很冷的地方，到處霧茫茫的，什麼都看不見。

□ 5.冷冷的冬天，到處霧茫茫的，什麼都看不見，四周一片荒涼。

□ 6.好冷，到處霧茫茫的，什麼都看不見，四周一片荒涼。

怎麼樣？當我們讀過三次「今天」、「有一天」、「在一個」、「有一個」……的平板開頭，是不是覺得有一種決心，要把這種「讓人打瞌睡的開頭」，一口氣敲醒！提醒自己，永遠不要用「今天」、「有一天」、「在一個」、「有一個」做開頭。

那麼，我們到底要怎樣創造出一個「好的開頭」呢？

試著用「**畫面的細節**」，像「冷冷的冬天，到處霧茫茫的」、「花有好多顏色，襯著葉子在跳舞」、「媽媽的頭髮很長，在月光下，亮亮的」……鋪陳出一個幾乎可以讓人看得到現場的「直接的畫面」。或者，用一種「**感覺和情緒**」的刻畫，像「好冷，到處霧茫茫的」、「窗外的雨好急，暴風雨讓人害怕」、「風很頑皮，捲起滿天的葉子」……來預告一篇讓人好奇「接下來到底會發生什麼事呢？」的作文。

3

開頭法寶：畫面和感覺

想要打敗作文妖魔啊，就像「電玩過關」一樣，一定要膽大心細，極有耐性地，一關又一關，學會解決很多問題，最重要的，在我們試著寫一篇好作文以前，我們得慎重地向「作文妖魔」宣戰。

「作文妖魔」有哪些呢？第一個衝出來的，當然是「**平板的開頭**」。它讓我們一打開作文簿就打瞌睡，所以，我們一定要在心裡小心設下警報線，一發現「今天」、「有一天」、「在一個」、「有一個」……這些平板的開頭，就要「嗶嗶嗶」地主動刪除；然後，提醒自己，寫作文要像畫畫一樣，一開始就準備一個「**好像可以看到現場的畫面**」，或者是「**清楚仔細地描寫感覺**」，這才是能夠吸引人繼續讀下去的「精彩的開頭」。

想想看，「**冷冷的冬天，到處霧茫茫的**」，這麼冰冷、絕望的時候，接下來會發生什麼事？或者，從另一面想，在寒冷中注入溫暖，我們會看到什麼？彩色的傘豐富了大地？我們躲在屋子裡，一起看著美麗的繪本？還是有熱茶、暖爐、棉被，提供我們一個又一個溫暖的故事？

接在「**媽媽的頭髮很長，在月光下，亮亮的**」這個畫面背後的，又會是什麼樣的生活情境？是媽媽講故事的聲音？還是夜裡蟲聲輕輕的合唱？隨著我們找到更多具體的細節，這個開頭，就會顯現出一個讓人好像看得到的「畫面鏡頭」，經營出一個可以放進更多想法的氣氛。

如果加入動態，讓畫面形成速度和變化，再想想看，「**風很頑皮，捲起滿天的葉子**」的輕快節奏裡，接下來，會發生什麼事？人們忙著讀書、考試、遊戲，還是互相送禮物？

在「**窗外的雨好急，暴風雨讓人害怕**」的緊張時刻，家人會吵架、分離而想念，還是一起急著做防颱準備？

「**花有好多顏色，襯著葉子在跳舞**」這個畫面，還會讓我們看到什麼呢？小種子急著發芽？小朋友迷路了？同樣描寫「花草樹木」，新勢國小三年級的**商肯豪**，運用更獨特、更集中、更熟悉、同時也更有情意的表現方式，在這篇題為〈**世界花園**〉的作文開頭裡，讓我們看見好像電影特效的畫面，並且一下子就湧出豐富的想像：

好冷，四周一片荒涼，到處霧茫茫的，太可怕了，眼睛看不到，風咻咻的吹，把恐懼全都吹來了，站在中央，呆呆的望著前方，我的心，慢慢的變涼、變涼，這個世界實在是太討厭了。

在這個討厭的世界，我們到底該怎麼辦呢？這樣的開頭，是不是非常吸引我們？像在過關遊戲時，急著要往前走，到底，我們會遇到一個什麼樣的世界呢？這就讓我們更急著想要繼續看下去：

看見這樣的情形，心裡好難過，像一朵花突然凋謝一樣，啊！世界怎麼會變成這個樣子呢？我對心裡發誓，一定要把這個世界拯救回來。我拿起鋤頭，決心挖出拯救世界的法寶，我砍一下，心裡的意志就增一倍，砍了好久，始終沒有挖出法寶來。我原本想放棄，但一想到對自己的誓言，決心繼續砍下去。

突然，一道比金子還亮的金光，從土裡射出，我立刻把那些土撥開，出現在我面前的是一盒大箱子，我緊張的打開一看，裡面有三顆按鈕，每個按鈕都散發出奇異的光芒，我按了第一顆，花、草、樹變出來了，第二顆，藍天、白雲、大海也出來了，第三顆，太陽微笑的掛在天空。

我高興的又叫又跳，拿起每朵花兒聞呀聞，花兒能讓我的煩惱消失，然而，我要把這個「世界花園」獻給大家。

當這篇作文靜靜結束在美麗的「世界花園」裡，霧茫茫的世界變彩色，荒涼的四周也因為送了一個美麗的禮物而熱鬧起來，冷冷的開頭，就這樣溫暖的結束。

開頭經營出來的這些畫面和感覺，同樣也隨著作文的結束，溫暖地印在我們的腦海裡。

4

基礎作文小零件：名詞和形容詞

寫作文啊！像有趣的晉級大修煉，一開始，一定要記得解決「平板開頭」這個討厭的「作文妖魔」，再拿出「畫面和感覺」的開頭法寶，像畫畫一樣，經營出「**好像可以看到現場的畫面**」和「**清楚仔細的感覺描寫**」。可是，要怎麼做，才能夠輕鬆快樂地畫出「畫面」，表現出「感覺」？要怎麼下筆才算是「精彩的開頭」呢？這時候，我們就需要更多「作文小法寶」來幫忙了。

為了寫出「生動的畫面」和「細膩的感覺」，我們需要找出很多很多的「作文零件」。作文零件越多，寫作文的材料就越多，內容就更有變化。

最基本的「作文零件」，就是「**名詞**」。寫「春天」時，天空、小種子、風、花、小雨、開學……是作文零件；寫「夏天」時，太陽、冰棒、冷氣、游泳池、山、樹林……是作文零件；寫「秋天」時，楓樹、落葉、月亮、夜晚、蟲聲是作文零件；寫「冬天」時，霧、冰，樹枝、過年、紅包……。這一串又一串聯想得到的「名詞」，都在豐富我們可以運用的「作文材料庫」，像「樂高」一樣，在我們的腦海裡，想出越多名詞，我們可以使用的「作文零件」越豐富，就可以組合出更多作文法寶，寫出來的作文也就越讓人覺得繁複而不可思議。

「春天」、「夏天」、「秋天」、「冬天」、「風」、「雨」、「霧」、「花」、「葉子」、「種子」、「媽媽」、「頭髮」、「月光」、「窗戶」、「過年」、「紅包」……這些名詞，讓我們在經營開頭的時候，可以找出很多材料，寫出和別人不一樣的經驗。

只要準備好很多「作文零件」，我們就可以跳出「今天」、「有一天」、「在一個」、「有一個」的「習慣用語」，寫出和別人不一樣的開頭。無論從真實生活或幻想世界都可以找出很多作文材料，比如：

「**牆壁常常被人們弄得很髒，這種感覺一定很不好受。**」這個開頭，接下去可以寫學校生活、放假、自己的興趣或者是環保議題。

「**小鳥有美麗的翅膀又能飛，還可以唱美妙的歌。**」這個開頭，可以延伸寫出快樂的生活，也可以寫不自由的生活。

「巷子口有一盞路燈，它很重要，因為它是黑夜裡唯一的路燈。」

這個開頭，可以延伸寫出自己補習回家、等待爸爸下班，也可以寫沒有人陪伴、自己一個人在家的各種心情。

如果進一步要寫出更強烈的感覺，就要在「名詞」這些簡單的「作文零件」上，加上各種設計，就好像為「樂高」搭配顏色、組裝形狀，做出各式各樣不同的變化，讓「名詞」在每一個人都可以使用的平凡無奇中，變得新奇、有趣。這時，我們最需要的好幫手，就是好好運用「**形容詞**」。像「冷冷的」、「霧茫茫的」、「好多顏色的」、「媽媽的」、「月光下的」、「亮亮的」、「窗外的」、「頑皮的」、「滿天的」……這些形容詞，把固定的大自然、生活現實，以及和我們相關的人啊、事啊，所有我們真實經歷過、或這在想像裡重組過的一切

「作文零件」，做了更多的限定，同時也就更具體、更詳細，讓人印象更深刻。

在開頭寫出「**灰色的馬路上，車子來來回回，不停地冒煙，我就快要受不了了，好臭好臭！**」，是不是比「馬路上，車子來來回回」感覺更生動？

「**炎熱的夏天，在家裡看電視，突然看到窗外的小朋友們在吃冰，覺得很羨慕**」，是不是比「夏天時，我在家裡看電視」更強烈？

在我們的腦海裡準備很多「名詞」，收藏更多「作文零件」，再學會裝飾這些「作文零件」，加入新鮮、生動的「形容詞」，這就是最基礎的作文法寶。

5

開頭口訣：名詞，形容詞，動詞

為了打敗「平板的開頭」，我們認識「名詞」這個有用的「作文零件」，並且學會運用更多更多的「形容詞」，創造出「好像可以看到現場的畫面」和「清楚仔細的感覺描寫」。是不是我們的「口袋法寶」，只要裝進「名詞」和「形容詞」，就可以輕鬆快樂地刻畫出「畫面」，表現出「感覺」？

啊，當然不是這樣。看看「多啦A夢」吧！人家的口袋藏著多少法寶，那才叫做宇宙超級無敵霹靂厲害呢！現在，走進「解憂作文法寶店」，我們也要學習一種宇宙超級無敵霹靂厲害的「開頭口訣」：**「名詞，形容詞，動詞」**。背起來了嗎？名詞，形容詞，動詞，名詞，形容詞，動詞……。

來，再大聲朗讀三次！只要我們願意搜尋腦子裡印象深刻的、特別喜歡的，或者真實經驗過的各種**「名詞」**，就可以寫出屬於我們自己的「特別的開頭」：「牆壁常常被人們弄得很髒，我覺得這種感覺一定很不好受。」；「小鳥有美麗的翅膀又能飛，還可以唱美妙的歌。」；「巷子口有一盞路燈，它很重要，因為它是黑夜裡唯一的路燈。」

這些屬於我們回憶中的「名詞」，加上「**形容詞**」的描寫和強調，就會有一種更清楚、更細膩，或者是更強烈的情緒或氣氛表現出來，比如說：「『破舊的』牆壁常常被人們弄得很髒，我覺得這種感覺一定很不好受。」；「『天空裡的』小鳥有美麗的翅膀又能飛，還可以唱美妙的歌。」；「『遠遠傳來狗吠聲的』巷子口有一盞路燈，特別重要，因為它是黑夜裡唯一的路燈。」

最後，如果懂得運用「**動詞**」，動詞有一種驚人的力量，可以在最短的時間裡，**把「平面的畫面」，變成「立體的電影」**。比如說：「人們『塗抹著』破舊的牆壁，公開謀殺了一棟房子。」；「小鳥『揮著』翅膀飛向天空，唱著最美妙的歌。」；「巷子口好多狗在吠『叫』，幸好有一盞路燈，帶給黑夜唯一的希望。」

怎麼樣？很有一種魔術般壓縮、曲折、緊緊抓住注意力的複雜效果吧？

有時候，孩子們會在開頭一兩句中，靈活地綜合運用「名詞，形容詞，動詞」。不要忘記，多看看大自然的「花草樹木」，可以提煉出很棒的作文法寶喔！像信義國小三年級**林惟敏**的這篇〈**小種子**〉：

山裡的小河，一到晚上就會發出七色的光。過了一段時間，七色的光就會反射出去，每七棵樹就會有一種顏色，小動物都會拿著食物，圍著河思考問題，再將食物放進河裡，然後跳進河裡，到早上才出來，不知道在做什麼，好奇怪喔。

光只開頭兩句，「小河」、「晚上」、「光」這些作文零件，在「山裡的」、「七色的」這些形容詞的限定中，透過「發出光亮」和「反射」這些動態壓縮，就寫出讓人注目、好奇，並且很想追究後續發展的氣氛和懸疑。跟著這個奇特的開頭，我們才能讀到一個鮮活而美麗的故事：

發現這條小河的旅行家，是因為有一天他的小動物受傷了，剛好他看到河面上浮著一片七色葉子，他把葉子撿起來，放在小動物的傷口上，傷就好了。旅行家覺得很奇怪，和很多人一起調查那條河，發現河底下，有七種不同顏色的果實黏在一起，變成種子，種子抽出嫩芽，長出七色的葉子，慢慢漂了出來，原來，那些小動物丟的食物，聚成種子，會潛水的動物們喜歡跳進河裡吃嫩葉，謎底就這樣揭曉了。

從那時候開始，每個人都去撿葉子，水發出的能量漸漸不夠，再沒辦法發出很大的光，葉子也停止漂出，河慢慢乾掉。大家再把葉子放回去，可是沒有用，每個人都在想辦法，終於，想到辦法了，就是學動物丟食物，因為這條河喜歡動物們丟的食物，食物一多，水又變多，大家都很開心。

後來，大家學會多丟食物，少拿漂出來的葉子，這樣，光的能量，就永遠不會變少。

6 作文鬼殺隊：發現陷阱和詭計

在我們準備寫一篇好作文以前，得慎重地向「作文妖魔」宣戰。打敗「平板的開頭」，只是寫作文的第一步，而且是很簡單的一步。還有更多的「作文妖魔」埋伏在很多地方，隨時要打擊我們的作文，重要的是，我們要訓練自己，在一個又一個作文「陷阱」和「詭計」中，提早發現這些可惡的「作文妖魔」。

在向「作文妖魔」宣戰以前，為了測試我們是不是具有揭露這些「陷阱」和「詭計」的能力，先看看這篇作文：

今天早上，爸爸問我們：「要不要出去玩啊？」，我們都說：「好。」媽媽說：「趕快去換衣服。」

我就上樓，進去房間，打開衣櫥後，拿出衣服，再脫下睡衣，然後換上衣服。爸爸先到車庫開車，等我們上車，車子走了好久，到了森林遊樂區的時候，我們下車，先走五分鐘，再買票，後來走了很久，走到森林步道的時候，看見兩條路，我們繼續走，又再走了很久，後來，我遇到同學，就一起玩，很快樂，真是筆墨難以形容。

玩了很久，我們口很渴。我的同學說：「想要喝飲料嗎？」我就問：「喝什麼？」我們想了很久，還是想不出來，就去買飲料的地方找找看。媽媽給我五十元，我們就去找喜歡的飲料，喝完以後，就去吃飯，然後走到停車場的時候，我同學依依不捨地和我說再見，我也依依不捨地和他說再見，我們就這樣依依不捨地離開了。

我們坐上車，開了很久，回到家以後，我就吃晚飯，吃完晚飯，後來就去洗澡，然後睡覺。睡覺的時候，我想到今天爸爸開車真辛苦，所以就對爸爸說：「謝謝你，我今天真的很快樂。」

每個人都喜歡人家說謝謝，當然爸爸也不例外，爸爸很高興，就說：「我們下星期天再去玩吧！」

這篇作文，能夠大聲朗讀更好，因為大聲朗讀，可以更清楚地拉開距離，用一種很像「**老師**」、「**評審**」、「**作文醫生**」，或者是「**作文鬼殺隊**」的眼光，來替這篇作文「診斷」一下，看看它藏著什麼作文陷阱？

1.「今天早上」算不算平板的開頭？如果可以改寫，改寫成怎樣會顯得特別有意思？

2.這篇作文很多人在說話。爸爸說、我們說、媽媽說、我的同學說、我說……說來說去，需要說這麼多話嗎？

3.如果我們只想保留一句最重要的話，保留哪一句，看起來最有力量呢？

4.這篇作文用了幾個「又」字？幾個「就」字？幾個「所以」？幾個「先」字？幾個「後來」？幾個「然後」？這些字用得這麼多，讓人有什麼感覺？

5.有沒有聽過「流水帳」？什麼叫做流水帳？在流水帳裡，常常出現哪些字眼？

6. 這篇作文總共用了幾個「我」字？幾個「我們」？幾個「了」字？幾個「的時候」？一直重複出現這些字，讓人有什麼感覺？

7. 「和同學一起玩，真的很快樂，真是筆墨難以形容。」這個句子用得好嗎？為什麼？

8. 「每個人都喜歡人家說謝謝，當然爸爸也不例外」這個句子用得好嗎？為什麼？

9. 「我同學依依不捨地和我說再見，我也依依不捨地和他說再見，我們就這樣依依不捨地離開了」寫作文要多用成語，這樣的成語，用得好嗎？為什麼？

10. 在作文裡，用「我們下星期天再去玩吧！」這種「很乾脆的說話方法」，有趣嗎？有人說，這種寫法叫做「呼告法」，喜歡在作文裡用這樣的句子做結尾嗎？

有沒有發現，我們身邊有很多同學，甚至我們自己，都這樣寫作文、寫日記？這樣寫作文，好看嗎？有趣嗎？喜歡一直這樣寫下去？

當我們跟著這些問題，一段一段檢視，很容易就會發現，埋伏在我們身邊的「作文陷阱」，真的很多耶！我們是不是應該先拆掉這些陷阱，讓作文妖魔無從藏身，才能找到更有趣、更有意思、更不一樣的寫作文方法？

7 平板的開頭：鬼滅吧！說來說去，流水帳

為了掙脫「作文陷阱」，我們得訓練自己，勇敢地向「作文妖魔」宣戰。當然，在宣戰之前，我們要用「放大鏡」，清楚地檢查，究竟有哪些「作文妖魔」？

首先，第一個作文敵人是「**平板的開頭**」，我們已經找到「開頭法寶」：「**名詞，形容詞，動詞**」來對付他。

然後，我們要注意一個「**多話**」的作文敵人，這是在作文裡必須小心面對的「說話的藝術」。尤其是在剛剛學習「寫作文」的起步時

刻，常常一下筆就「說」來「說」去，爸爸說、媽媽說、老師說、同學說、我說……說個沒完沒了。其實，寫作文時，一旦很認真地用「說話括號」框起來的「話」，必須是作文中最重要的感情和見解，像爸爸開車真辛苦，我對爸爸說：「謝謝你，我今天真的很快樂。」這是現代孩子很容易忽略的「說謝謝的態度」，當然就顯得特別重要。

還有啊！太多人喜歡在結尾時，忽然「呼告」一下，以為這樣很有力量，像「我們下星期天再去玩吧！」其實，「呼告」藏著濃厚的「疼痛、希望和力量」，最好在作文裡，先醞釀足夠的「情緒層次」，再謹慎使用，剛開始寫作文時，還是越少用「呼告」越好。

接下來，我們會發現，最厲害又最恐怖的作文敵人，不是「平板的開頭」，而是「**流水帳**」。認清流水帳的「關鍵詞」有兩個，「**時間順序**」和「**交代過程**」，也就是說，它有兩個最重要的特色：

第一、照著「時間順序」出現：「先」怎樣，「就」怎樣，「又」怎樣，「後來」怎樣，「然後」怎樣……像「忠誠的記錄」，把每一天、每一件事從早到晚仔細排出來。

第二、平板地「交代過程」：沒有特別大的事、沒有特別小的事，沒有想要強調的，也沒有刻意忽略的，像平平直直的馬路，一直延伸下去，一直一直平平直直下去，沒有描寫和形容，讓人不由自主地打瞌睡。

第三、流水帳還會產生一些副產品，就是「**贅字**」。因為在寫作文時，如果不知不覺寫出流水帳，就會覺得寫作文很輕鬆，只要照著

「時間順序」，仔細地「交代過程」，可以寫得很快、很多，一下子跳掉任何需要「停下來靜靜想一下」的形容和描寫，缺少這些創意和巧思，平板的句子就會爭相跳了出來。最常見的「贅字」就是慣用的連接詞，不斷出現「就」、「了」、「我」、「他」、「我們」、「的時候」……這些都成為讓人不舒服的「贅字」。

這些累贅的字，也就是「讓人覺得很囉唆的字」。有一些平板字句，看起來很有力，其實還是「贅字」，讓人同樣覺得很囉唆。像「每一個人都……當然我也不例外」，這種句子，其實是沒有意義的句子，每一個人都有爸爸，每一個人都有志願，每一個人都有夢想，這些都是「**理所當然**」的事，又何必在作文裡一本正經地再說一次呢？

還有，「真是筆墨難以形容」這種句子，也是「贅字」；有時候，就連一些用得太多、太陳舊的成語，也算是廣義的「贅詞」。寫作文，如果不能仔細找出方法，運用各種描寫，認真用「筆墨」形容出來，那又何必寫作文呢？還要假裝很有「學問」，大言不慚地說一聲「筆墨難以形容」、用一些陳腔濫調般的老成語，哎呀！我也想呼告一下，真是筆墨難以形容啊！

8 流水帳救命法寶：單一素材和特寫鏡頭

既然發現最厲害又最恐怖的作文敵人是「**流水帳**」，我們就得揪出「**時間順序**」和「**交代過程**」這兩個「流水帳元兇」，想辦法好好對付他們。

首先，讓我們先看看這兩種「串珠子」的方法：

媽媽喜歡的珍珠項鍊是這樣串起來的：○○○○○○○○○○○。無論項鍊有多長，每一顆珠子必須在一定的條件裡，找到一樣大小、一樣亮度的數量，整齊地連接起來，這是一場「和大自然捉迷藏」的艱難工作，所以顯得很珍貴；可是，它不特別，只是不斷重複、不斷重複。

藝術家串珠子就不是這樣囉！他們不喜歡重複，隨時享受創意，有時候喜歡○○○●○○○○○○，有時候喜歡○○○○○●○○○，有時候又喜歡○○○○●○○○○○，隨著自己的心情，有的放大，有的縮小，有的很簡單，有的很詳細，沒有整齊的規則，也沒有固定的侷限，隨時隨地串出「不一樣」的鍊子，讓人在任何時候一看，都有不一樣的驚奇，這就是「創意」。

當我們在對付「流水帳」這個厲害又恐怖的作文敵人時，也要把自己想像成串珠子的藝術家。有時候，我們想要在最前面的地方，串進一顆特別大、特別明亮的珠子，有時候在中間，有時候在後面，中間偏前一點點好看，中間偏後一點點也不錯啊！

重要的是，我們得為自己準備很多很大、很亮、很吸引人的「特別的珠子」！只需要認真回顧成長過程中的每一段經驗，傷心的、傻裡傻氣的、很好笑的，還有那些一直都很珍惜的記憶，第一次做的事，第一次去的地方，那些很喜歡的人、特別的時間、很眷戀的地方、難忘的小東西，都在生命裡刻下記號，變成我們的「作文珠子」。

這些特別的「珠子記憶」，就會變成很大、很亮、很吸引人的「作文法寶」，讓人不得不只注意「一顆珠子」。一篇作文，如果只處理一個「單一而突出的材料」，就像一顆特別亮、特別引人注目的寫作珠子，可以打破無聊的「時間順序」。

接下來，為了仔細表現這顆「**唯一的珠子**」，也就是我們精心篩選出來的「作文材料」，我們必須跳出表面的「整體印象」，找出有趣又有意思的「**具體細節**」，放大真正需要被注意的「**特寫鏡頭**」，同時放進更多感覺、更多情緒，這樣，就可以避免「交代過程」的冗長與散漫。

中原國小四年級的**張鈞雁**，透過〈**在創作坊**〉這篇和流水帳搏鬥的「自白書」，只運用「從不熟到熟」這一顆珠子，集中素材，就克服了流水帳：

創作坊是一個可以製造夢的奇幻工廠，也是作文寶寶們笨笨長大的家。當年，我和這個作文夢工廠，像五分熟的牛排遇上四分熟的牛排，大家都不熟，所以並沒有互相打招呼。一定要慢慢的接近作文，慢慢付出心血，最後，就會像兩塊十分熟的牛排相遇，和作文變成好朋友。

這裡是一個充滿著書香的花園。當我們一進去，我們就會看到開著「書」的花，還有寫滿著「詩」的蝴蝶和蜜蜂，當我們摘下花的果實，它的果實會快速的再長出來。這些書記載著所有寶寶的作文，要看多少篇都可以，我們在其中留下許多可愛的綽號，蠶寶寶、咕咕雞……，都是我們的朋友，連「愛心大哥」這個小手拍大仇敵，也在我們班喔！

在這裡，我交了好多朋友。可是，第一個最容易熟的朋友，居然是「流水帳」先生。他常常指導我怎麼寫作文，但都是不好的寫法，我在老師正確的指導下，終於把流先生制服了。

這裡是個美麗又快樂的夢工廠。孩子們不會說髒話，也不會有壞習慣，很高興，這裡是個可以讓小孩變好的天地。

瞧，寫作文，很簡單吧！只要用「**集中單一素材**」、「**放大特寫鏡頭**」這兩個小法寶，輕易就可以抓住「時間順序」和「交代過程」這兩個「流水帳兇手」，寫出更多自己的個性了。

9 妖魔大作戰：注意錯別字

有沒有注意到，我們的作文簿，常常因為錯別字，被老師打上一個又一個紅叉叉？無論作文寫得再好，只要出現太多錯別字，就像一個可愛寶寶，滿臉沾滿眼屎、鼻涕和乾掉的口水漬，讓人看得好難受。所以，當我們決心向作文敵人宣戰時，一定得在腦海裡反覆提醒自己，小心，最後一個「作文敵人」就是錯別字。

仔細分析起來，寫出錯別字的成因，大概都分成三種：

第一類，**同音錯字**。因為喜歡把繁複的偏旁寫成簡單的偏旁，就會出現很多奇怪的用字。比如說，個性很「玩」皮、對數學沒「性」趣、生活過得很「沖石」、希「忘」考試一百分、「生」國中要更努力……。這些錯字，只要在下筆時，稍稍停留，微微感受一下每個字延伸出來的感覺，就會覺得「卡卡的」，好像在軟軟的稀飯中，不小心卡到骨頭。仔細去感受一下，剝一層皮下來「玩」，究竟是什麼滋味？性別和做數學到底有什麼關係？都「忘」光了，哪裡還有機會一百分？誰會「生」出一個國中來？如果真的有這種人，這個人肚子一定很大，而且會很痛！

第二，**形似錯字**。因為下筆越來越草率，而且不願意花時間重新核對、檢查，就出現越來越多「誇張的笑話」。分不清「己、已、巳」、搞不懂「由、申、甲」；開著戰「鬧」機去打敵人；興高采烈排隊去看中國來的兵馬「桶」；冷冷的冬天最愛吃「董」母鴨；還用萬「金」準備，跑到六福「材」去玩。再想一想，括號裡的字，正確的寫法是什麼呢？

第三，**錯用部首**。有一篇深刻描寫獨生女寂寞的作文，我在批改的時候，從頭笑到尾，因為，這孩子居然憂鬱地寫著一個「觸」生女的心事。瞧，只差一個部首，獨生女和觸生女，情味就相離很遠。每次看到「上學時路很『抖』、四『枝』健全的弟弟、用五『肢』手指頭在工作」的作文時，常常不自覺就笑起來，笑著、笑著，又覺得很傷心。

為什麼作文裡會出現這麼多錯字呢？這都是因為「粗心」，因為我們對字缺少「感覺」，沒有語感，不能對每個字生出不同的聯想。

我們的生活變快、變速成了，只想要草草率率交作業，少了一點點「體會字的聲音」、「延伸字的形狀」這些溫柔慎重的情懷。只要我們認真去認每一個字，就會覺得字的筆畫裡藏著情緒、藏著不斷延伸出故事的聲音和形象，這樣深刻的體會，真的會讓我們的作文，寫得更有層次。

原來啊，就在我們身邊，藏著這麼多「作文妖魔」。我們一定要全力以赴「圍堵」，才有機會，好好寫一篇精彩的作文。

當我們不小心又對上「作文敵人」時，別忘了，認真把這些「作文法寶」都掏出來：

1. 善用「名詞，形容詞，動詞」，對付「**平板的開頭**」。

2. 善用「說話的藝術」，集中表現情感和見解，刪除作文裡太多的「**說話括號**」和「**呼告**」。

3. 善用「集中單一素材」、「放大特寫鏡頭」，追緝「**流水帳**」。

4. 檢查、剔除平板的句子、讓人覺得很囉唆的字句，以及濫用的「成語」和「習慣用句」，如「筆墨難以形容」、「每個人都……當然我也不例外」，並提防「**贅字**」。

5. 最後，最需要提醒的是，用我們「對字的感覺」和「對事的細心」，對付總是纏著我們不放的作文敵人「**錯別字**」。

10 機器人小切和朋友們的摸索和成長

逛了一圈神奇的「作文法寶店」，機器人小切找到很多法寶，交到很多好朋友，也在更多〈花草樹木的氣味記憶〉的作文裡，學習認識更獨特、更集中、更熟悉，同時也更有情意的作文。

範例1　〈花草樹木的氣味記憶〉☆邱巾津，四年級

風，輕輕的吹，看哪！花的嬌小軟弱，樹的堅強努力和緊緊抓著土壤的小草，每一滴努力，總是留下了許許多多的氣味。

我的爺爺、奶奶很愛種植物，特別是小花小草，每當一到花園，

各種香味撲鼻而來，每一朵花、每一根小草，都是用一滴一滴的汗水換來的。而在其中我最喜歡的植物就是香茅，它的香味有點難形容，像輕嗆又刺鼻的檸檬香，又跟普通的檸檬不一樣。

當初我和哥哥的房間好臭好臭，於是我們就去花市，準備「除臭大革命」。一聞到清爽的香茅味，就決定了！剛買回家種時，我好好奇，為什麼沒有味道呢？原來要用手揉一揉，安撫它，它就會飄出香味，這種香味被我稱為「開心香」，聞到時，自己也好開心，之後我和哥哥也會創造出更多開心的記憶。

在這個世界上，有著各式各樣的花，只要細心的認真的聞，就能聞出滿滿的香味。觀察自己內心時，也要像照顧花一樣認真努力，讓自己也能慢慢散發出，花一般的香氣。

☆點評：**開心香**，是獨特的「心情攝影機」，像法寶變魔術，用記憶鋪出一條時光隧道。

範例2　〈花草樹木的氣味記憶〉☆李乙安，四年級

「噠噠噠」，伴隨著腳步聲的是什麼？啊，她們好漂亮、她們小小的，帶著清爽、冰涼又舒服的味道，在春風中飄搖，在樹枝上跳舞，原來啊，她們是春天的精靈，是最可愛的花朵。

只要一走到我們家的頂樓，我們就可以看到那些可愛的小精靈。穿著小小的白禮服，向我們招招手，她們是嬌貴的公主，是來自七里香王國的繼承者，因此，我們要小心的對待她們，當風一吹，她們彷彿在表演一樣，輕盈的在枝芽間旋轉、跳躍，那清爽、冰涼又舒服的

味道，像優美的音樂，讓我們忍不住仔細的觀察大自然的奧妙。

有人說，大自然是人類第一個老師，也是最後一位老師。花草樹木不僅是啟蒙我們，仔細的聆聽，我們就會捕捉到那肉眼看不見的生命之美，直到生命最後。

☆點評：用聲音傳達氣味的聯想，最後又回到深刻的思索。

範例3 〈花草樹木的氣味記憶〉☆翁琪評，七年級

一抹清香撒進空氣，淡淡的暗藏其中，轉身，叢叢草綠色的樹木映入眼簾，一片潔淨的純白花瓣隨風旋下，手心向下，玉蘭花掉落指間，陣陣的香味撲鼻而來，打開了心中的一盒記憶。

阿祖在我出生沒多久就圓寂了。每當我問阿公關於他的事情，像

是觸碰到按鈕，眼前一舉一動都很威嚴的他，竟淚眼汪汪的，不肯說出字句話語，讓我站在原地不知所措。直到清明節到了，隨著車窗向外望去，綿延不絕的山脈充斥在視野中，只剩藍天與之相互襯托。走下車，灰色的石碑外殼有些脫落，訴說著歲月的流逝，雜草密生，幾棵玉蘭樹立在後。雙手合十，再三拜過：「我來見你了！阿祖。」

沒有任何提問，阿公就輕輕道出遙遠的故事……。聽著聽著，一下喜上眉梢，一下淚流滿面，配上裊裊香煙及玉蘭花香，一幕幕彷彿身在其中，又哭又笑，劃下了句點。

盆栽裡的小玉蘭花，象徵著新的開始，花香在風中搖曳，微微一笑，踏上了旅程。

☆點評：把氣味轉換成像打開抽屜般的打開心中「一盒記憶」，

精彩的意象。

範例4　〈花草樹木的氣味記憶〉☆簡郁儒，九年級

陽光點點，透過枝芽散落在微濕的泥土上。我閉上眼，抬頭，感受點點溫暖，「沙沙沙」樹葉呢喃著，啊！是風來了，帶著一股淡淡的舒香，使我放鬆、再放鬆……。啊！讓人放鬆的樟腦香。

再仔細一聞……咦？放鬆中竟夾雜著些許情感，我聞到無奈，被過度砍伐的無奈；也嗅出恐懼，看見身旁的樹一個個倒下，但自己卻無能為力……讓人忍不住想，樟樹有時會不會討厭自己的香，憎恨這些氣味，引來無數貪得無厭卻又無法阻擋的人類。

然而他依舊散發著同樣令人平靜的香味，就像永遠會包容著我們

的「家」，裝載著我們的歡喜，也容納了我們的欲望。

最後，我再深吸了一口，這次，除了樟腦香，我還聞到了無限的力量，來自大自然中，包容一切的堅毅。

☆點評：樟香，從放鬆、無奈、恐懼，到討厭自己、憎恨貪婪，最後又回到平靜和包容，哇，好豐富的氣味層次啊！

範例5 〈花草樹木的氣味記憶〉☆莊家宇，九年級

走在山路上，一陣清風拂面而來，帶來林中枝葉的味道，似是來自熾熱之地，如暖陽般擴散開來，亦似源於秋氣颯爽的楓葉林，不寒不熱，這是樹葉所擁有的，無法模仿的清香。

每當感受到這種味道時，便知是來自於自然的感召。在樹林中，

才能使人無欲無想，身上的塵埃被樹的芬多精淨化，若世界為一棵樹，那麼森林中的人便是樹上最純淨的枝杈。

不過，再強韌的樹終會凋零，便是松柏，歲寒後也只剩下樹枝，寒冬到來之處，寸草不生，如同人界一般，戰爭以及瘟疫，使得「世界樹」漸漸落下枝葉，一點一滴生機枯萎。

凋零與新生相互生息，人們為了一己利益，爭戰不休，顯出人類自私的一面，這樣子的亂世，何時才會結束呢？或許，只有在人人能為別人著想時，「世界」這棵樹才會變成是真正的純淨吧。此刻，也只能聽憑風引，保持純淨的心，不受汙染，緩緩呼吸山林的氣味。

☆點評：我們都是世界樹中的枝枒，這種深邃的情感，真的是寫作文時最棒的「獨特發明」啦！

Part 2

作文解憂三寶：內容妙，結構好，修辭又多嬌！

1 作文解憂法寶店：修煉大集合

在我們準備踏上「寫一篇好作文」的英雄旅程之前，先慎重地向「作文妖魔」宣戰。打敗「**平板的開頭**」；篩除作文裡太多說來說去的「**說話**」和「**呼告**」；消滅「**流水帳**」，小心「**贅字**」，檢查「**錯別字**」……總算開始要進行作文修煉了！

有人膽子小，一開始就害怕，天哪！寫作文好累啊！怎麼這一路算下來，都是「作文妖魔」呢？有人更煩惱，有時什麼都寫不出來，連這些「作文妖魔」都遇不到呢！寫作機器人小切在「作文解憂法寶店」前，看到反覆徘徊著「一想到寫作文就無限煩惱」的孩子們，大家都愁眉苦臉，沒有靈感，想不出好的主題或想法，和題目相關的「人」、「地」、「時」、「事」、「物」，記憶模糊混亂，沒辦法清楚表達，好不容易想到一點點材料，又害怕寫錯，這時就覺得：「當機器人真好，一個指令，一個動作，當人類，好辛苦啊！」

哎呀，當機器人一點都不好，只能「一個指令，一個動作」，哪像人類有這麼多奇思異想，而且創作的「辛苦」啊，其實充滿各種有趣又有意思的滋味。別怕！就像輕鬆對付「作文妖魔」這些小妖小鬼小打小鬧，無論寫作文時遇到什麼問題，不會寫，怕寫錯，沒有靈感，想不出來……作文解憂法寶店，都有辦法替大家解決！

別擔心，只要認定方向就可以展開「解憂三法寶」的精煉過程。

先回想自己最快樂或最有興趣的記憶，深入收集資訊，並且聯想出更多的素材，無論好的事、壞的事都沒關係，都可以拍一張「心情照片」，丟進「**內容**」的法寶袋，準備得越多越好。

接著找出相關的寫作材料，像「攝影」分享，一樣一樣展示出來，讓人覺得，看了這張「文學照片」，就很想要繼續看下一張，這就是「**結構**」的重要。

最後就是「**修辭**」的加強，好像辦一場「分享宴會」，挖空心思「裝框」、「擺飾」和「場地布置」，想盡辦法讓朋友們都想來好好玩一玩，亂七八糟，可就吸引不了「客人」喔！

「內容」、「結構」、「修辭」，就是最有效的作文解憂三法寶！讓我們在很短的時間裡，提昇「作文功力」，輕輕鬆鬆寫出記憶、心事、困境和針對問題提出來的嘗試，慢慢在自己的擔心、為難中，找到強大的力量，晉級成宇宙超級無敵霹靂厲害的作文高手。所以，小切看到作文解憂法寶店前這些愁眉苦臉的孩子們，全都高高興興地帶著寫作口訣回家，忍不住也跟著大家朗誦：「**解憂有三寶：內容妙，結構好，修辭又多嬌！**」

當我們一起展開解憂三法寶的修煉旅程時，一邊得帶著「望遠鏡」，摸索更大的世界；一邊又準備好「顯微鏡」，放慢生活速度，認真領略每一瞬間的變化。還可以帶著寫作機器人，相互對照，一起感受翻新的創造力，特別是和機器人寶寶一起討論時，更能發現，我們比電腦AI擁有更多細膩的情感、曲折的想像，以及在做了選擇以後，可以預想出更多轉折的未來。

2 解憂三法寶：內容，結構，修辭

「內容」是最重要的至尊法寶，也就是**我們的想法**。比如說，一想到冬天，就覺得「好冷，脖子都縮起來」；想到春天，覺得「世界醒過來了」；想到夏天，「好棒，大家一起來游泳、吃冰吧！」；想到秋天，就覺得「山和樹都被鮮豔的顏色染紅了」；還有啊！想起考試，覺得「很累，可是考得很好時很快樂！」；想到學校，會浮起「好朋友微笑的臉」；想到周杰倫，會想起「這是全家一起喜歡的第一個歌星，和媽媽一起哼唱的第一首歌」……。

當我們腦海裡浮出各種想法時，就像突然打開汽水，好多泡泡，這裡、那裡，「啵！」地一聲又一聲，急著往外跳，四處都是好可愛的小泡泡。如果不能在很短的時間裡，像照相機，把這些可愛的想法保留下來，很快地，這些甜甜蜜蜜的可愛泡泡，一下子就消失了。

我們把寫作文這個「神聖工作」當作「照相」，就要在最短的時間裡，快手快腳地捕捉「忽然閃過的想法」，讓我們在作文簿裡找到「永遠」。可是，我們的想法放在腦子裡，看不到，也摸不到，怎麼把這些、那些，各種各樣有趣的想法、隨時改變的想法「照相」下來呢？

這時，第二個至尊法寶就成為最可靠的幫手。「**結構**」，指的是我們構造出一個又一個穩定且清楚界定出前後順序的「**段落框架**」，像小心謹慎地在每一個構造段落中間，打一個「結」，讓每一段之間，彼此都有關係，「構」成一個由文字形成的魔幻王國。

我們把這些、那些忽然冒出來的想法，在第一段寫下一些簡單的記憶，有一些材料、有一些沒說完的感覺，一定會「結」到第二段；在第二段裡，我們會看到有一些「**事情**」發生了、有一些「**感覺**」很強烈、有一些「**意見**」想要說得更清楚，然後，又自然地「結」到第三段、第四段，甚至到第五段。就這樣，你牽著我，我牽著你，你結著我，我結著你，我們的想法，透過結構、段落的分配，慢慢整理出來，永遠「結」在一起，像一本漂亮的「想法相簿」，讓別人任何時候都可以清楚地再看一次我們的想法，這樣，我們就留下了「永遠」。

如果我們擁有這樣一本「想法相簿」，是不是每個人都要把它打扮得更漂亮呢？

愛漂亮，是第三個至尊法寶。「**修辭**」，就是作文的化妝師，專心「**打扮作文**」，成為唯一的志願。就像我們每天走路上學，半路上想鼓勵自己，一定要更努力，如果只寫出「走路去上學，今天要更努力！」雖然寫出自己的想法，別人看起來，只覺得很無聊，自然就不再關心我們到底在想什麼了。可是，同樣一件事，換另外一種說法，只要多注意身邊的小細節，描寫畫面，產生動態變化，和自己形成互動，發現走路上學的路上，「風吹著我、小花對我微笑，校門口的小鳥兒和我打招呼，大樹搖了搖葉子，好像急著和我分享，今天要更努力喔！」

怎麼樣？多加上一點點「修辭」打扮，作文是不是變得更靈活、更讓人想知道，接下來會發生什麼事呢？

3 作文內容：寫好作文的至尊法寶

認識「內容」、「結構」、「修辭」這三個作文的解憂法寶後，猜猜看，最重要、最需要照顧，同時也最宇宙超級無敵霹靂厲害的第一名「至尊法寶」，是哪一個呢？

「內容」？「結構」？還是「修辭」？想像得到嗎？

最重要的作文法寶是「內容」！猜對了嗎？內容就是「**我們的想法**」。我們常常在聽到一句話、看過一個故事、經歷一件事，或者是面對一個作文題目時，立刻浮起一種想法，而且一點也不奇怪的是，只要我們講出來，就會發現，大家第一個浮出來的想法都很像。比如說，提到「保健室」，想到打針、受傷、流血；提到「龜兔賽跑」就覺得烏龜好認真、兔子很懶惰；提到「考試」就很害怕；寫到作文題目〈我的媽媽〉，就寫出她很辛苦、很偉大……。

看一看我們身邊，是不是大部分的人都這樣想、這樣寫？所以，要想精煉出「內容」這個獨特的至尊法寶，一定要記得，**第一個浮出來的想法，一定，一定不要寫**。因為，大家都這樣寫了，我們決定，絕對不要寫「第一個浮出來的想法」，這樣就會顯得和別人不一樣。

不一樣，就是「創意」。看看龜兔賽跑，如果烏龜半路遇到足球比賽，被當作足球踢走了呢？如果烏龜向阿姆斯壯借太空梭，結果跑到月球去，這樣會發生什麼事？還有啊，兔子睡著以後，如果他有夢遊症，邊跑邊睡，最後還是會跑贏，沒錯吧？

我們的一點點創意，加進很多原來沒有的「人」，像「媽媽」、「老師」一類的，或者設計出更多的「事」，像學校啊！作業、明星什麼的，甚至還可以放進想像出來的「感覺」和「心情」，這些多出來的材料就是「具體的細節」，可以**豐富創意的層次**，使得我們的想法，變得更熱鬧一點。

比如說，兔子跑得實在太快了，烏龜覺得，何必這麼辛苦，一定要和「賽跑明星」比賽呢？所以，烏龜自動放棄「一定要比輸贏」的好勝心，只跟在兔子後面，想向他要簽名，沒想到兔媽媽出現了，把他修理得很慘，因為兔子沒寫作業就出來賽跑。烏龜走到最後，發現對手被媽媽抓回家，這場賽跑居然是烏龜贏了。怎麼樣？很吃驚吧？

因為想出很多「**具體的細節**」，使得再曲折、再奇怪、再特別的「創意取材」，也顯得真實、細膩，讓人深深被吸引。所以，面對任何作文題目，不要寫第一個浮出來的想法，再多想一下，就算不是「三思」而後行，也得「二思」，才能避免平板的作文素材，然後放進「具體的細節」，寫出真實的「感覺」和「心情」，這樣就可以寫出好作文，真正地精煉出別人不能超越的「內容」。

試著再想想看，過完年，我們長了一歲，腦海裡想著的，都是我們的「紅包」；想到「紅包」，我們第一個浮起來的想法就是，爸爸媽媽會把我們的紅包收起來，存進銀行，以後替我們繳學費。好囉！停在這裡，想到什麼？沒錯！第一個浮起來的想法，不要寫！除了「紅包存進銀行，以後繳學費」這個想法，還有什麼呢？

想想看，記憶裡，紅包的故事還有哪些？有孩子說，每年都把自己的紅包攤成扇形，讓外公抽一個紅包，送給外公「恭喜發財」的祝福；有孩子記得，媽媽把紅包拿去買一個自己喜歡的高級皮包，然後說：「這是提早替你買的母親節禮物！」；有孩子年年吵著要自己處理紅包，直到媽被吵煩了，交給他自己處理，他找不到地方藏紅包，還是存進銀行準備繳學費；有孩子想要一個大紅包，媽媽就用全開壁報紙，為他做一個超級超級大的「大」紅包，甚至可以把他整個人都包起來。

很有創意吧？如果我們一直記得，不要寫第一個浮出來的想法，就可以寫出更多精彩的內容。

4

聯想關係：發現好材料，尋找連接點

隨著成長，我們將面對越來越多機會寫字。有時接受指派，寫一篇日記、連絡簿、學習單、讀書心得……；有時沒有任何指派，心裡卻突然有一些強烈的感情想要寫下來。這時，我們常常浮起來的第一個想法就是：「怎麼寫呢？」

因為沒有人告訴我們應該怎麼寫，只能胡思亂想，想著、想著，越想越痛苦，最後，發現自己最常浮起來的想法，竟然變成：「我不會寫！」

想想自己，有多少次曾經浮起「我不會寫」的念頭，而且深深覺得痛苦？一旦養成習慣，面對任何需要寫作文的時候，光只想著「我不會寫」，就會越來越難過，越來越害怕「想想看」，越來越不願意嘗試「找一找自己有什麼想法」。其實，找出自己的想法，發現好材料，真的是一件很有趣的事。但是，要享受這種快樂，一定要下定決心，絕對不再讓「我不會寫」這種念頭跑出來，任何時候，只要稍稍害怕「我不會寫」，就要大聲鼓舞自己：「寫作文，多簡單！」

這就是「**意志力寫作法**」，是精煉作文法寶的起點，很重要唷！一定要學會開朗、大聲，元氣十足地替自己打氣：「寫作文，多簡單！」

讓潛意識跟著相信，自己會寫，而且可以寫得很輕鬆、很快樂！

然後，**放大自己所有的感官體會**，把自己看到的每一個人、每一樣物、每一件事，仔細觀察。記得，無論是聽到、看到、吃到、聞到、碰到……任何不相關的兩件事，一定可以找出相關的「**連接點**」，隨著我們發現的「**相關線索**」，我們就會找到許多作文的好材料。

躺在床上，還沒打開眼睛，聽到小狗在叫、隔壁姊姊在彈鋼琴，聞到媽媽烤麵包、煎荷包蛋的香味，感覺棉被軟酥酥的，張眼看到天花板、門、太陽、雲……一天就這樣開始了。好，就這樣把自己感受到的所有細節攤開來，「床」、「小狗」、「棉被」、「天花板」、「門」、「太陽」、「雲」、「彈鋼琴」、「烤麵包」、「煎荷包蛋」……。這麼多材料，怎麼找出「**連接點**」，把它們接起來呢？

我們可以兩個、兩個串連，**串連那些越不可能靠近的材料，就越**

有創意。比如說，「太陽」和「雲」很接近，我們寫出「雲是太陽的舞裙」，很容易被體會，也很容易被想像出來；可是，如果是「小狗」和「鋼琴」呢？這兩組材料，好像離太遠了吧？於是，當我們寫出「小狗是我最可愛的鋼琴，我一靠近牠，牠就會彈出代表我喜歡你的音樂。」這樣的想法，別人就會覺得很不一樣、很有創意。

為了尋找更多組合作文材料的「連接點」，我們除了大量儲備對於所有生命經驗的「記憶」、「反芻」和「珍惜」之外，更重要的，我們也要運用一些簡單又有效的作文法寶，讓自己可以真的更輕鬆、更快樂地寫作文。

尋找作文材料連接點的「作文法寶」，只要記住這兩個要訣：

一、**建立關係**：從這個材料想到那個材料，從寫一點點想到寫更多更多，這些過程，都是一段又一段「聯想」的過程，聯想是一座「想法的橋」，把很多想法，小心而漂亮地串連起來。

為了串連這些想法，搭築「聯想的橋」，也必須運用三種更精細的作文法寶，這樣，我們才可以迅速、有趣地找出各種作文材料的「連接點」。這三種「**聯想法寶**」是：

1. **接近**：接近「我們的床」的，有棉被、枕頭、鬧鐘、媽媽等；接近「天空」的，有太陽、星星、月亮、雲、老鷹、小鳥等，這所有的材料都在很靠近的範圍裡，很容易被我們一起兜起來。

2. **對比**：對比和接近最不一樣的是，把距離拉遠，從對面、從反面，從對照的另一邊想起，和「我們的床」對比的，有考試，我們得熬夜，不能上床；有天空，不想好好睡，想盡情去飛……和「天空」對比的，又有地面、地底、海洋等，它們都具有遙遙相對的特性。

3. **相似**：還有一些材料，它不是靠近、也不是相反對照，只覺得在某些功能、特質、意義上，非常相像。比如說，和「床」相似的有「天空是雲的床」、「土地是花的床」等；和「天空」相似的有「圖畫紙是顏色的天空」、「大海是魚的天空」……。

無論是「接近」、「對比」或「相似」，這些用聯想來建立關係的方法，可以找出好多作文材料。然後，我們得學會建立一種標準，確定什麼樣的連接點才是精彩的？這就需要動用第二個尋找連接點的「作文法寶」——拉開距離。

二、拉開距離：

連繫作文材料的連接點，距離越遠越好。「小狗」和「好朋友」很近吧？想起小狗，我們很容易想起這是我們的好朋友，但是，小狗這麼軟，鋼琴這麼硬，「小狗」和「鋼琴」就變得很遠了吧？因為遠，想像的距離被凸顯出來，「小狗是我最可愛的鋼琴，我一靠近牠，牠就會彈出代表我喜歡你的音樂。」就比「小狗是我的好朋友」讓人印象深刻。

回到最簡單的「接近聯想」裡，我們收集到「床」、「小狗」、「棉被」、「天花板」、「門」、「太陽」、「雲」、「彈鋼琴」、「烤麵包」、「煎荷包蛋」……這麼多材料，「太陽」和「雲」很近，和「煎荷包蛋」、「烤麵包」很遠吧？接著，認真想想看，「太陽在一大早把雲叫醒了」、「媽媽把太陽煎在荷包蛋裡，讓我一整天都熱熱的。」和「太陽在雲旁邊站上一整天，耐性地烤著一大片麵包，到黃昏時候，看！好大塊的雲麵包，慢慢都烤熟了。」這些句子，哪一句讓我們印象最深刻呢？

距離拉得越遠，材料的連接點就顯得越驚險，連接在其間的那一條名叫「創意」的連接線，就顯得越閃亮！所以，活用「建立關係」和「拉開距離」這兩個作文法寶，我們就可以為這世界上的每一個符號、每一個人、每一件事，尋找出很多作文材料的「連接點」，並且因為其中的遠近關係，感覺到文字裡不同的創意活力。

5 發揮創意：埋入無止盡的過關驚喜

踏上作文旅程找到「發現好材料」的祕密法寶，實在是一大驚喜。

首先，用「**意志力寫作法**」，提醒自己——寫作文，多簡單！然後，**放大所有的感官**，無論是聽到、看到、吃到、聞到、碰到的任何一個人、一樣物、一件事，都要仔細觀察；記得，豐富自己的「**記憶倉庫**」。很多人以為，寫作文，當然要背很多成語、很多美詞佳句，這樣，才會有很多材料可以寫。其實，引用太多成語和美詞佳句會讓作文變得僵硬、呆板，引用得越多越生硬，倒不如深刻記得「自己的生命經驗」，這才是寫作文最重要的準備過程。

最後、也是最重要的，在發現作文好材料的過程中，我們得認真為記憶倉庫的材料組合，找出「**連接點**」。記憶倉庫藏著越多「作文零件」，就越能組合出更多具有特殊創意的「連接點」，而後才有可能，發現好材料，寫出精彩動人的作文。

如何在「建立關係」和「拉開距離」中，察覺什麼是精彩的「連接點」呢？這也是在鍛造作文法寶的修煉中，必須反覆加強的練習。

試著拿一個阿拉伯數字「8」，做一個簡單的檢測。首先，我們可以直覺地盯著「8」的形狀，因為「8」看起來小小的，跟著眼睛的習慣，我們也會從小小的切入點，「部分放大」，聯想起很多相似的作文材料：

1. 8是豬的鼻子，整天大聲叫著：「苟，苟，苟」。

2. 8是漂亮的蝴蝶結，打在我最喜歡的衣服上。

3. 8是姊姊的褲管，在地上掃來掃去。

4. 8是爸爸的耳朵，每天都在認真聽我讀英文。

等「聯想線路」熱機跑了一段時間以後，我們的想法會得到更多自由，跑得更遠，想得更大一點：

1. 8是一個插座，每天都有很多女朋友來跟他親嘴。

2. 8是一個葫蘆，每天把葡萄酒喝進自己的肚子裡。

3. 8是個不怕冷的雪人，在雪地裡勇敢地呼喚春天。

「聯想線路」跑著、跑著，變靈活了，就會把「8」拆成兩個圈圈：

1. 8是連體嬰，每天黏在一起。
2. 8是兩條橡皮筋，每天掛在主人手上。
3. 8是兩個甜甜圈，住在一個大盤子裡。
4. 8是兩個游泳圈，他們正手牽手上岸。
5. 8是兩個呼拉圈，拼命在比賽誰跑得最多圈。
6. 8是媽媽的一對耳環，每天陪媽媽去上班。
7. 8是兩個零鴨蛋，天天被老師寫在數學課本裡。
8. 8是媽媽的兩個佛珠，串在媽媽手上溜滑梯。

隨著「**聯想線路**」自由奔跑，慢慢我們會發現，在發現作文材料、尋找連接點的過程中，我們常常因為別人的一些想法，聽過誰提出一些意見，或者看過某一篇文章，就習慣性地受到「先前的想法」、「已有的經驗」侷限，會模仿、重製，寫出很多「看起來不一樣」、但是認真細想後還是很像的連接方法。像3至5的造句，「兩條橡皮筋掛在主人手上」、「兩個甜甜圈住在大盤子」和「兩個游泳圈手牽手上岸」都很像。寫作時還是要多做變化，才能真正拉開距離，訓練創意。

但是7至8的造句，「零鴨蛋」因為「數學課本」多了一點點生活經驗裡的壓力；「佛珠」因為「溜滑梯」的動詞力量，形成撞擊力較大的動態效果，這才表現出一種「凸顯距離」的創意活力。可見，動態效果，在文字裡，有一種「活起來」的能量，可以把距離拉得更遙遠，經營出更出色的連接點，比如說：

1. 8是一隻小蟲子，在樹葉間穿來穿去，穿出很多祕密通道，可以逛來逛去。
2. 8是可愛的魚，住在小小的魚缸裡，隨時準備表演。
3. 8是彎彎曲曲的一朵雲，躲在遠遠的山邊，準備下一場溫柔的雨。

當然，我們也可以用阿伯伯數字「1」、「2」、「3」；注音符號「ㄅ」、「ㄆ」、「ㄇ」；英文字母「A」、「B」、「C」來做更多的創意撞擊訓練。讓這世界變得更美麗的原因是，它永遠在無限的「不一樣」中，表現出我們想像不到的創意。

接下來，再回頭看看這些關於「8」的連接點，拿出一枝筆，一邊大聲朗讀所有和「8」有關的句子，複讀三次，一邊勾選出自己喜歡的句子，最後，再從中挑一個最喜歡的句子，判斷一下，是不是這些精彩的連接點，都在「建立關係」後，清楚地「拉開距離」？

6 作文結構：至高無上的絕世法寶

「內容」這個作文的至尊法寶，讓我們相信，寫作文，很簡單。不要寫第一個浮出來的想法；放大所有感官體會，深刻記得所有的生命經驗；運用「**接近**」、「**對比**」和「**相似**」三種聯想方法，為作文材料的「連接點」建立關係；竭盡所能拉開距離，寫出和別人不一樣的想法，經營出更多「具體的細節」，就是一篇好文章。

寫作文，就是寫**自己的故事**、**自己的心情**、**自己的見解和決定**。不要把寫作文想像得太複雜，不要背太多成語和美詞佳句，不要相信太多「人家說」應該要怎樣，更不要傻裡傻氣地在寫作文一開始，就規定自己，這到底是一篇記敘文、論說文、抒情文，還是應用文？

這個時代，作文文體的「圍牆」已經打破了。在一篇作文中，我們要寫出仔細的事件發生過程，這是「記敘文」的工作；從這些過程，我們經歷許多「感覺」，有許多複雜的「心情」要一層一層整理出來，讓自己慢慢沉靜下來，這是「抒情文」的工作；最後，我們又要從這麼多事件和情緒中，認清接下來的生活，要怎麼樣才能過得更好，這就是「論說文」的工作。

可以說，每一篇作文，都是記敘文、抒情文和論說文的「聯合演出」。有時候，記敘文多一點，抒情文跟進演出，最後交給論說文做結論；有時候，記敘文和抒情文纏在一起，一邊說著生活故事，一邊表現濃厚的感覺和情緒，從這些心情中延伸論說文的討論；有時候用論說文的大段意見開頭，再藉由記敘文提供更多證據，刻畫出更強烈的力量。

準備好創意選材，在拆掉文體圍牆以後，如何把這些複雜的「記敘」、「抒情」和「論說」的比重，精確緊密地安排進一篇作文的段落裡呢？這就得找到至高無上的絕世法寶，讓「**結構**」上場決勝負了！

「**結構**」，指的是一篇作文裡的段落框架。寫作文時，我們準備好多精彩材料以後，最要緊的問題是，決定這些材料要在書寫上的**先後順序**。無論時代如何改變，無論作文的內容和形式如何調整，作文的結構都會有一定的規則，就好像無論潮流如何改變，我們穿的衣服一定要包含領子、袖子、身體各部分，不能隨意變動，否則，人家就認不出這是一件衣服，更嚴重的是，也許就不好穿、不能穿了。

古代的人曾經運用「起、承、轉、合」這個口訣，教育過幾百、幾千年來千千萬萬的「寫作文的人」。不過，時代過了幾百、幾千年後，只剩下少部分的孩子還看得懂「起、承、轉、合」，就是作文「起筆的聲勢」、「承接下來的說明」、「宕開侷限，轉出來談更大、更遠，甚至是對立的問題討論」和「最後的總合」。更多的孩子都覺得「起、承、轉、合」很奇怪，看不懂。

所以，從一九九〇年開始（哈哈，多遙遠的傳說時期啊！正在看這篇文章的小朋友，那時還沒生出來呢！），作文解憂法寶店為更多更小的孩子設計出來的修煉「口訣」，也變得更簡單輕鬆了！現在，好好記起來喔！組織作文材料最有效的「**結構法寶**」就是：「**背景**」、「**細節**」、「**變化**」、「**結論**」。

背景是：畫面的描繪，運用大自然、器物或身體細節，形成動態，強化環境氣氛的經營。

細節是：延伸環境氣氛，呈現更多的人、更多的事、更多的物，更多的寫作材料。

變化是：意外的衝突、轉折，或者是記敘事件、抒情風格和論說力量之間的曲折對立。

結論是：危機的化解與成長，以及我們體會到的日後做人做事的態度和方法。

為了讓自己熟悉結構運用，還是要大聲朗讀，而且要多念幾遍。

隨著越念越多遍，慢慢地，有一天就會自然領略，什麼是「環境氣氛」、什麼是「更多的寫作材料」、什麼是「意外的衝突、轉折」、什麼是「記敘事件、抒情風格和論說力量之間的曲折對立」、什麼是「危機的化解與成長」，以及最重要的，什麼是「做人做事的態度和方法」。

7 背景法寶：大自然，器物，身體細節

當我們在腦海裡，收集了豐富的作文材料，並且找到有趣又有創意的「連接點」，準備把這些獨特的「自己的故事」、「自己的心情」和「自己的見解和決定」用心寫下來時，如果一打開作文簿，就是讓人打瞌睡的「每個人都……」、「今天」、「有一天」、「在一個」、「有一個」……這些平板的開頭，猜猜看，接下來，還會讓人很興奮、很期待繼續看下去嗎？

應該有點困難吧？好像，那些精彩有趣的想法，忽然都變得生

硬、呆板了。為了打破生硬、呆板，我們需要在作文一開頭，就準備好一個「畫面」，好像電影一樣，看得到顏色、聽得到聲音，甚至有很多動態變化，讓人一下子就被拉進作文材料裡，好像就站在那個「我們要說的故事現場」，這就是「環境氣氛的經營」。

為了經營出作文的「環境氣氛」，我們習慣用三種「背景法寶」來鋪陳開頭：

第一，「**大自然**」的描寫。太陽很大，風很冷，窗外的雨，小樹苗長大了……這些環境現場，具有強烈的聲音、顏色、味道、觸感，濃烈地把每一個特寫鏡頭包覆起來，很像電影的「遠鏡頭」，環境氣氛很快就會跳出來。

第二，「**器物**」的聚焦。花瓶破了，撐開雨傘，重重的書包，鉛筆在筆記簿裡沙沙沙地發出聲音……這些焦點鏡頭，很像電影「特寫」，我們會在這樣的環境氣氛裡靜下來，專心注意，接下來會寫出什麼？

第三，「**身體細節**」的放大觀察。掉在床上的頭髮，媽媽手上的皺紋，打球撞傷的腳……這些身體上的「顯微鏡」觀察，一方面寫人，一方面也強烈地寫出心情。

透過大自然、器具、身體細節這三種「背景法寶」來鋪陳環境氣氛，不必做太多陳述和說明，讓人「瞬間」跳進刻意選擇的作文材料裡，隨著更多的人、更多的事、更多的物，延伸出精準、細膩的「事件敘述」，加入更多延展、深遠的「平面情緒」。

然後，在「變化」中迸出意外轉折，有的是事件的重大衝突，有的是情緒的迴異逆轉，有的翻轉出看待生命態度的不同角度，成為讓人印象最深刻的「**唯一焦點**」。在一路鋪陳的「**平面情緒**」中，突出一種曲折的、對立的「**立體力量**」，這種強烈的立體力量，才讓人充分了解全文最想讓人理解、感受到的態度和見解。

認清「背景」、「細節」、「變化」、「結論」的前後關係，接著，我們在完成一篇作文以後，一定要為「結構」這個至高無上的絕世法寶，檢查三件事：

第一，各段間有沒有緊密銜接，每一段的最後一句，是不是**緊密銜接**到下一段的第一句？

第二，寫作進行到第三段，也就是超過全文一半以後，是不是確實出現「**立體**」的變化和轉折？

第三，在結論中，是不是能夠準確地**回扣題目**？以免隨著段落的延伸發展，越想越多，越寫越遠，到最後就離題了。

如果我們以常見的器物——「玻璃杯」，做為「環境氣氛經營」的主要材料。認真思考一下，我們會從玻璃杯的相關「記憶」和「感覺」，聯想出什麼人、什麼事、什麼物？玻璃杯本身的材質如何？這個材質讓我們生出什麼感覺？握著玻璃杯的人，可能是誰？這個玻璃杯會放在什麼地方？可能會發生什麼事情？接下來呢？會產生什麼意外的變化？讓我們體會到什麼樣的人生態度和做人做事的方法？

當我們隨著這些思緒，設計出我們的作文材料，最後，注意段落之間的緊密關係，檢查對題目的回扣與呼應，一切都沒問題了，就算完成深入的結構檢視。

8

多種描寫：玻璃杯，不只是玻璃杯

從「**生活記憶**」延伸出來的「**感覺和心情**」，經過整理、思索，沉澱出「**見解和決定**」，這些「作文材料」，隨著「結構」的節奏，像一場聯合表演，一格、一格，放進「背景」、「細節」、「變化」、「結論」裡，更可以檢視含藏其中的記憶、情緒和見識，形成動人的作品。

我們可以從「背景法寶」中挑出「器物」類，又從千變萬化的器物中，揀選最常見、也最常用的「玻璃杯」來做選材練習。透過觸覺、視覺、動態設計，或加入更多「人」、「地」、「時」、「事」、「物」的關鍵聯結，最後再藉由具體的器物，聯想到抽象的「**生活感觸**」、「**人生變化**」和「**人性考驗**」，寫出最深刻的感情。

首先，我們一觸碰，就會有冷或熱的感覺傳來，這就是一種「**環境氣氛經營**」。如果我們從玻璃杯「**變涼**」中，延伸出更多作文材料：

背景：玻璃杯握在手中，冰冷的感覺慢慢傳到心中。

細節：這世界也是這樣，寂寞不斷穿梭在每一個人心中。

變化：在一次又一次寂寞的琢磨後，我們都變得更堅強。

結論：我們能以自己的意志力克服寂寞。

我們也可以從另一個角度選材，讓玻璃杯在我們手中「**變熱**」：

背景：玻璃杯握在手上，慢慢變熱。

細節：生命裡的溫度是因為有了好朋友的幫助，讓自己不再寂寞。

變化：搬家後再也見不到好朋友，但是自己卻不會變得寂寞，因為懂得交更多的朋友。

結論：朋友不只一個，只有讓自己快樂，才能讓別人更加接近自己，使自己不再寂寞。

玻璃杯握在手中變熱，不只讓我們聯想到朋友離去、自己的失落，還可以看見一個更大的世界。同樣的「**背景**」延伸下去，從世界的檢視中，又會呈現出完全不同的選材：

背景：玻璃杯握在手中，手的溫暖，使得玻璃杯的溫度漸漸上升。

細節：我們每一個人就像這個杯子，需要他人的幫助及關懷。

變化：溫暖，使得冰冷的世界出現了希望，這是世界萬物的動力，也是生命的來源。

結論：試著從身邊做起，在每一分鐘，認真經營出溫暖。

不只是冷熱的「**觸覺感受**」，讓我們找到不同的作文材料，玻璃杯時而光滑、時而璀璨，這些不同材質的「**視覺效果**」，也形成一些特殊的聯想脈絡：

背景：玻璃杯握在手中，被陽光照得閃閃發光，變得美麗耀眼。

細節：我們都需要別人的幫助，才能發出光芒。

變化：很多人都自私自利，不幫助別人，所以社會才變得那麼無情。

結論：我們要多幫助別人，用我們的光芒照亮別人，社會才會溫暖。

◆◆◆◆◆

背景：玻璃杯握在手中，美麗卻易碎。

細節：再美麗的東西，受到損傷就變得醜陋，美麗和醜陋只是一線之隔。

變化：破損的東西固然很醜陋，但換個角度想，反而有種不完整的美。

結論：每個人的想法不同，是因為審視角度不同。能夠看見最多角度的人，最能欣賞世界的美。

◆◆◆◆◆◆

背景：玻璃杯握在手中，滑落了。

細節：如同剛到手的機會，又從我的身邊溜掉。

變化：這樣的錯失良機，卻讓我們學會接受挫折，向成功邁進一大步。

結論：人生不知道會經過多少的挫折，但每當我們失敗，必須再次爬起，機會，永遠在前方等待堅苦卓絕的人。

接著，還可以更晉升一級，不再把視角放在玻璃杯本身的材質感受，而是移到人身上。檢視自己、弟弟、媽媽……甚至移到玻璃杯所在的時間、場景和同時響起的聲音、光影……延伸到無所不在的「人」、「地」、「時」、「事」、「物」，透過不同的連接點，延伸出更多的作文材料：

背景：玻璃杯握在手中，不大不小的，剛好掌握在我的手裡。

細節：彷彿所有的事情都能被我掌握住，絲毫不令我出乎意料。

變化：但人生畢竟是起伏的，所有的事都有不如意，有時也難免令人傷心失落。

結論：得意與有把握的人生，美好而不切實際，那些不可掌握的意外和變化，反而讓我們豐富。

背景：玻璃杯握在弟弟手中，專注把玩凝視，好像他突然長大了，自己想探索出什麼祕密似的。

細節：人生不就是這樣嗎？再熟悉的人、再平凡的選擇，都值得專注試探。

變化：靠自己認真思考探索出來的答案，無論好壞，都最迷人。

結論：人生，都是靠自己掌握的，我們應該相信自己的選擇，把每件事認真的做好。

◆◆◆◆◆◆

背景：玻璃杯握在媽媽的手上晃啊晃，等待著孩子回家。

細節：孩子在外面玩的時候，反而不曾想過父母的心情。

變化：一個孩子多想到父母，就會讓父母少了一些擔心。

結論：所以，我們做每件事都要想到別人，體貼與成全，才讓這世界越來越美好。

同樣的玻璃杯、同樣的結構，延伸出這麼多不同的取材，這就是精煉作文法寶的神祕旅程。想一想，自己最喜歡那一種選材呢？再認真想一想，「玻璃杯」的「環境氣氛經營」，深入我們的真實生活後，交纏呼應，還可以「組合」出多少種作文材料呢？

玻璃杯**光滑**、**冰涼**，這是我們最容易浮出來的印象，這樣光滑而無所黏附的特質，冰涼而必須適應的感受，是不是也會讓我們回顧學校生活、想起相似的往事，甚至聯想到冰冷、沒有表情的陌生人，我們可以聯想出哪些故事、心情和見解呢？

背景：緊緊握著冰冷的杯子，回想起從前的往事。

細節：由於不懂事，整天玩耍，不讀書，遇到挫折就求別人的幫助，自己卻不會想辦法解決。

變化：人生要禁得起挫折，失敗了不要灰心，再接再厲，總有一天會成功。

結論：冰冷的玻璃杯，只有在溫暖的手上，才會變成熱的，不怕困難，勇往直前，所得到的結果，才是幸福、溫暖、快樂的。

◆◆◆◆◆◆

背景：玻璃杯握在手中，冰涼的感覺透到心底。

細節：就像在學校被冷落時，心裡很冷、很難過，直到有朋友發現，帶著自己參與一切活動。

變化：人生中，總有失意和落寞的時候，面對落寞，更要努力為自己找出一條更好的路。

結論：用勇氣去開拓自己的道路；用熱情接納別人。

◆◆◆◆◆

背景：玻璃杯握在手中，冰冰涼涼的。

細節：世界也一樣，沒有愛就沒有溫暖。

變化：每個人都在各種領域裡不斷戰爭，一直沒有停止。

結論：社會需要愛，彼此包容，才能溫暖。

◆◆◆◆◆

背景：陌生人就像一個玻璃杯。

細節：我用手去溫暖一個素未謀面的陌生人。

變化：但他卻像玻璃杯一樣沉靜，對我的付出毫無感覺。

結論：縱然陌生人不領我的情，但我仍會默默的溫暖他們。

當然，玻璃杯也常常因為掌心的溫度，因為注入果汁、牛奶、熱水，**從冰涼中變溫熱**，我們又可以從這些不同的材質匯入和溫度變化，找出更多作文材料：

背景：玻璃杯握在手中，慢慢的變熱了。

細節：每個人如果都彼此溫熱對方，手都會變得溫暖的。

變化：如果每個人的手都是冷冰冰的，不會幫助別人，那世界就不會有熱情了。

結論：當大家都很熱情時，就表示大家不會再冷冰冰的待人。

背景：玻璃杯握在手上，裡面的冰塊融化後，果汁也漸漸變溫了。

細節：我們的希望會因為我們握著它，使它越來越容易達成。

變化：在人生的旅程中，我們應該緊緊的握著它，並慢慢的溫暖它，實現願望。

結論：凡事都不應抱持著自己不可能成功的心態，應勇敢去面對它。

◆◆◆◆◆◆

背景：玻璃杯握在我的手上，牛奶的熱度，傳進了我的手心。

細節：在寒冬中，喝下那杯牛奶，也喝下了母親的愛。

變化：牛奶喝完，熱度也消失了，但媽媽的愛卻依然存在。

結論：關愛是永無止境的，我們應該要心存感謝。

有時候，玻璃杯的**碎裂**，引出更強烈的動態效果，危險、失敗、勇氣、機會、經驗的累積、人生的多采多姿……這些延伸討論，表現出更深刻的對立力量：

背景：玻璃杯握在手中，我的心中充滿緊張，害怕一不小心，它就破了。

細節：人生中，有太多的緊張與害怕，使我們不知所措，只有一再地逃避。

變化：而我不願做弱者，所以我勇於面對，哪怕輸得一身傷，心中仍充滿了勝利。

結論：世上沒有一件永遠失敗的事，因為勇氣可以解決一切。

◆◆◆◆◆

背景：玻璃杯握在手中，裂成兩半。

細節：機會也是如此的，不好好把握，一下子就碎裂，不見了。

變化：好好的把握擁有的機會，不浪費它，因為許多成功都是這樣來的。

結論：每一個和我們擦身而過的機會，都要好好的嘗試它，珍惜它。

◆◆◆◆◆

背景：玻璃杯握在手中，將手濡濕，忽然，杯子從手中滑落，在地上碎裂。

細節：生命中有許多機會，我們應該將機會把握住，可是，我們卻不斷的流失機會。

變化：人生就是因為不斷的流失而成長，隨著經驗的累積，我們知道如何把握下次的機會。

結論：有成就的人生是靠機會，可是真正多姿多采的生命，卻是靠吸收經驗才能獲得的。

為了踏上一段又一段的作文修煉歷程，讓自己越來越厲害，我們可以拿起筆，針對這些選材結構，小心檢視、比對，像一個嚴格的評審，選出心中的前三名，說明原因，並且思索自己有沒有能力，可以寫出更不一樣的創意。

當然，「玻璃杯」還有很多特質，只要我們把焦點放在任何一種特質深入描寫，就可以寫出不同的作文材料。我們也可以丟掉玻璃杯，從「器具」類挑選出其他素材；或者跳出「器具」類，從「背景法寶」中揀選大自然、揀選人體細節……因應不同的人、事、場景，寫出千變萬化的作文材料，寫出千變萬化的自己。

這樣寫作文，很厲害吧！

9

作文修辭：最耀眼的彩妝法寶

寫作文，真的不難！難的是在一開始，如何找材料、如何下筆。為了避免發呆、痛苦，害怕自己想不出來，我們必須提醒自己，這些在寫作文時思考與進行的固定步驟：

1. 一看到作文題目，先找出「和作文題目相關」的記憶。
2. 從這些記憶中，找出一個讓人印象深刻的「畫面」；從這個畫面中，分析更多「線索」，是不是可以凸顯出「大自然」、「器物」、「身體細節」這三大類中的任何一個「作文零件」，做為第一段、第一句的素材。

3. 跳開「今天」、「有一天」、「在一個」、「有一個」……這些平板的開頭，善用新鮮的名詞、精確的形容詞，或者藉由動詞製造出活躍的動態現場，這樣就能寫出精彩的第一段第一句。

4. 注意，每一段作文材料都要和上一段有關係。

5. 到了「意外的變化」，一定要在作文材料中檢查出對立和翻疊的立體力量。

6. 最後，一定要在「結論」中了解，做人做事上，一定要怎麼做，以後才能生活得更好。

先把**自己的故事、自己的心情、自己的見解和決定**找出來，確定「內容」以後，就可以一格、一格，一段、一段，把千變萬化的作文材料，放進前後相關、首尾呼應的「結構」裡。透過大自然、器具、身體細節這三種「背景法寶」來鋪陳環境氣氛，延伸出更多的人、更多的事、更多的物，然後在「變化」中迸出意外轉折，成為作文中的「對立力量」，讓人充分了解結論中的態度和見解。

「內容」**就是自己的想法**、「**結構**」**就是背景、細節、變化、結論**。這兩個作文法寶，聽起來是不是很簡單？不過，隨著越寫越輕鬆的學習過程，我們更要進一步要求自己，把作文寫得更漂亮、更精細，這時候，就是讓「**修辭**」，作文最耀眼的彩妝法寶」大顯身手的時候了！

說起來，關於作文的三個神奇法寶，「內容」和「結構」很好收藏，收服他們以後，他們會一直陪在我們身邊；只有「修辭」這個法寶的精煉，變化較多，對我們的要求也比較嚴苛。想把作文打扮得漂漂亮亮的，真不是一件容易的事。所以，一開始，我們要「**閱讀**」，而且要在質和量上都同步提昇，多多閱讀，也深入閱讀。讀越多書，在寫作文的用字造句上，我們就能準備越多材料，可以做更多變化，這是修辭變好的最重要關鍵。

接著，要「**大聲朗讀**」。無論是詩、繪本或任何故事，在不斷重複的聲音中，這些字句的聲音、顏色、形狀、影像，以及迴響在字與字、句與句、段與段之間的韻律，慢慢會沉澱在我們的身體裡，豐富我們的語感和直覺。

如果有興趣，挑選關於詩、成語、美詞佳句、名人金句一類的書，挑選的標準很間單，在翻讀的時候，有一些自己喜歡的句子，這就表示和自己的年齡、個性、興趣能夠相應，只要從中選擇一、兩本，**反覆背誦**，不必多，但要重複背誦，因為重複，才能慢慢消化、沉澱，慢慢吸收成自己的營養。

更好的做法，就是**系統整理**我們喜歡的詩、成語、美詞佳句、名人金句……可以做一本隨身攜帶的小冊子，也可以一邊寫、一邊畫，做一本獨一無二的「修辭繪本」，一方面幫助自己吸收這些深刻的文字修養，一方面也可以收藏一種長大後不能複製的成長記憶。

從閱讀、大聲朗讀、反覆背誦到系統整理，我們做了這麼多的「**理性的儲備和累積**」以後；接著就要放慢生活速度，感受無邊寬闊的大自然、我們身邊的小器物，以及每一個人的身體細節所露出來的心情和故事，這才是寫作文最需要的「**感性的接納和想像**」；最後，更要透過大量的寫作練習，掌握「替作文化妝」的修辭技巧，這是「**知性的操作和熟練**」，這樣，「修辭」這個最耀眼的彩妝法寶，就會高高興興地停留在我們身邊。

10 享受創新，迎向未來挑戰

我的機器人寶寶小切，出生在三月一日。生日書說，這天生日的人，渾身上下充滿天生的藝術氣息，強烈接收周遭環境的變化，不論對人、對大自然或日常生活，都具有不凡鑒賞力，卻排斥不切實際的浪漫幻想，無法忍受麻煩、混亂，不友善，總是在現實生活強調理性、選擇，做事一絲不苟，絕不向壓力屈服，最喜歡思考和辯論。所以，當我們隨興看看天上的雲、飛翔雲間的鳥，大聲朗誦著泰戈爾《漂鳥集》裡的詩句：「**鳥兒希望自己是一朵雲；雲兒希望自己是一**

隻鳥」，小切立刻提出意見：

這兩句詩出自泰戈爾的《漂鳥集》中的〈自由篇〉，是對生命和自由的深刻思考。詩人通過比喻，把鳥和雲都賦予了不同尋常的意義，表現了人們對自由和完美的嚮往和追求。

首先，詩中的鳥和雲都是自由的象徵。鳥可以飛翔於天空之間，自由自在，而雲則可以在天空中漂浮，自由自在。鳥和雲都是自由的化身，表達了人們對自由的渴望和嚮往。

其次，鳥和雲在這首詩中也表現了人們對完美的嚮往和追求。鳥希望自己是一朵雲，意味著鳥渴望擁有自己所沒有的輕盈和柔和；而雲則希望自己是一隻鳥，意味著雲渴望擁有自己所沒有的飛翔和自由。這種追求完美的精神，反映了人類不斷追求自我超越和提高的內在本性。

最後，這首詩給人一種深刻的啟示，即自由和完美並不是互相排斥的，而是可以共存的。鳥和雲雖然希望擁有對方的優點，但它們本身也有著不同的美和價值。同樣地，每個人都有著自己獨特的美和價值，不需要去追求別人的完美，只要珍惜自己所擁有的，才能真正實現自由和完美的結合。

總之，這首詩通過比喻，表現了人們對自由和完美的嚮往和追求，給人們帶來了深刻的啟示。同時，它也展現了泰戈爾的深邃思考和詩歌才華，為我們留下了一部充滿哲理和啟示的經典詩集。

小切讀詩，習慣先從資料庫裡撈出很有學問的知識和大家分享，並且聯想到自由和完美，這是他想要表達的「**內容**」；接著從「自由」、「完美」，到「自由和完美可以共存」，表現出三種層次，這種前後順序展現的方式，就叫做「**結構**」；學著把這些理性、直接的見解，寫得更溫柔、更美麗，更容易讓人感動，就是「**修辭**」的力量了。

看起來，會寫作文的機器人好厲害啊！「內容」、「結構」和「修辭」，就是寫作文最重要的三大法寶。但是，選擇「自由」、「完美」、「共存」當作寫作內容，無論是敘事或說理，感覺離我們好遠。

反倒是這些擠在解憂法寶店前的每一個孩子，**描寫簡單生活，檢查自己的個性、痛苦和願望**，顯得親切又生動：

首先，鳥兒羨慕雲的輕鬆、多彩，甚至可以趁著下雨環遊世界；雲兒卻嫌自己不自由，風一吹就隨處去，不像鳥兒可以靠自己。這多像我們自己的日常生活呢！總是羨慕別人，一直到跌過跤、吃過苦頭，失去了我們習慣的幸福，才發現，知足就能常樂，不知足的話，一切美好都是徒然，這是翻讀這首詩時最先感受到的觸動。

接著再進一步想，「雲」可以不吃不喝，享受絕對的自由，彷如仙人，卻在仙境裡幻想著不一樣的人生；「鳥」在現實裡困頓求生、飢餓、獵食，承受風雨和被掠奪的危機，同時也充滿了牽絆和記憶。所以，仙人渴望下凡，凡人又奢求成仙，人生常常是反覆的循環，這是在「心理的知足」之後，深入了解無論知不知足，「大環境」就是自然存在著這些拉鋸和循環。

最後難免感嘆，詩中的鳥和雲都是優勢的象徵，自由自在飛翔在天空，不需要在泥濘的土地中掙扎。鳥兒結伴清唱，到處都可以遇見親密的朋友；雲兒滋潤大地，隨時都付出有價值的貢獻，珍惜自己、把握當下，就是幸福頌歌，而不幸，都只是自己的選擇。從「生活的知足」、「生命的循環」，進一步探索「人生的意義和價值」，層層遞進，呈現出更多人性的糾葛和情理，特別能夠形成共鳴。

學會知足，理解人生，並且努力付出，這是我們想要表現的「**內容**」；從日常生活、拉長時間的循環反覆，一層又一層剖析到創造生命的意義和價值，三種層次，前後順序緊密又清楚，越來越掏挖出深層的意涵，這就是「**結構**」展現的力量；最後再依賴「**修辭**」，運用比喻、象徵、轉喻、對比、排比、誇飾……多面描繪得更精確、更優美，也更強烈地凸顯主題、情感和思想，引起深刻的共鳴。所以，就算知道「內容」、「結構」和「修辭」是寫作文最重要的三大法寶，也要反覆精煉，才能越來越出色。

還記得我們在討論〈花草樹木的氣味記憶〉時，可以深刻感受「花草樹木」和「記憶」，清楚地展現在生活中，很好表現；但是，這個作文題目最重要的關鍵字，其實也最難刻畫的，就是「**氣味**」的捕捉和傳達。有時候，我們運用五感的變化，從嗅覺延伸到視覺的色彩變化和觸覺的冷熱鬆緊，像「**蘭花香的尾韻，帶著甜味，像微笑；黃蘭花是清晨中的陽光，冰冰的，又暖暖的**」；接著，進一步聯想生活中熟悉的小細節：「**七里香的清爽，像在喝雪碧和可樂，使得夏天沒那麼熱**」；或者，加入天馬行空的浪漫幻想：「**龜背芋的香，藏著神祕故事，隱隱將人迷昏，帶進另一個世界**」……

這些反覆推深的描繪，就像在精煉超級法寶，讓我們的作文，寫出和大家不太一樣的「細微變化」。我們就在這一段又一段精煉旅程中，透過豐富的內容和緊密的結構，表現出明確的主題，並且呈現出獨特的風格，讓人在感動中延伸出深受啟發的領略和改變。

愛因斯坦之所以強調「想像力比知識更重要」，最關鍵原因就是，**知識很重要！**咀嚼「更」這個字，就可以明白，知識形塑了這個世界的界定和詮釋，想要打破侷限、重塑更多可能，就要靠「想像力」掙脫僵固，領著「知識」，飛向更遙遠、更美好的地方。

解憂三法寶的修煉旅程，就是要愛上知識、享受知識，感受在知識原野裡，一種無邊無涯、永遠還可以更豐沛的翻滾活力，而後注入想像力這種「超能燃料」，走向我們永遠想像不到的翻新和驚奇。當我們擁有「內容」、「結構」、「修辭」這神奇的解憂三法寶之後，就可以變身為宇宙超級無敵霹靂厲害的「作文超人」，無論是現在的生活寫作，或者是未來面對電腦AI的競爭，都可以新增出更多的信心和能力。

當機器人不斷發展、進步時，我們也在努力修煉和適應，把握每一個改變的機會，不斷享受創新，迎向未來挑戰，學習「轉個彎，創作變簡單！」，在未來，就不怕各種現在還想像不到的「AI災難」了。

Part 3

作文晉級修煉：活出我們最喜歡的樣子

1 從邏輯到創意：提昇創造力

寫作文時，我們在無限的材料中，辨識出「作文妖魔」，清除「**平板的開頭**」、「**說來說去**」和「**流水帳**」，這是最先必須打下的基本功；接著精煉神奇的解憂三法寶，學習在「**內容**」中注入獨特的生活記憶，和充滿個性的情感和思想，循著嚴謹的「**結構**」，審慎安排前後順序，再透過「**修辭**」磨亮文字；最後，更進一步的晉級修煉，就是在反覆修潤中，慢慢看見自己的侷限，發現自己的優點，同時在反覆的描寫和討論中，學會寫出我們喜歡的態度和信念，更要活出我

們最喜歡的樣子。如何找到只屬於自己的創作風格，就是要保持我們最喜歡的樣子

和寫作AI一起摸索、成長的學習路上，不是要「打敗AI」，而是好好地「運用AI」，讓這個具有智慧學習能力的「小服務生」，替我們服務。我們享受創新，迎向未來挑戰時，最重要的修煉，就是找出優勢，想一想，什麼樣的能力不會被AI打敗取代？

結合深層知識鍛造出來的想像力，創造出獨特的故事和想法，這是最不容易取代的「**創意**」；將故事和想法更深刻表達出來的情意和掙扎，也是建構在「愛」、「用心」、「奉獻」這些正向指令中的人工智慧，無法真正理解的「**深度情緒**」；還有各種不同文化和價值觀，不是統一的大數據可以完全模仿，這又形成寫作時的獨特價值。更重

要的是，和「理性」的AI並行前進時，許許多多不理性、不必要的「**逆轉邏輯**」的創作，反而在矛盾、逆轉中，表現出私密的生活渴望和艱難的人生角力，創造出有趣又有滋味的選材。

如果以〈**白色**〉為題，寫一篇作文，第一個浮出腦海的念頭，你會想到什麼呢？白雲、白雪、白鴿、白衣……象徵純淨、高雅、清新、無暇，是不是讓人特別感受到一種長久延續地寧靜和舒適？自己想清楚以後，記得拿出一枝筆，寫下自己想到的素材。

啊，反映迅捷的小切又搶先交卷了！白紗禮服，愛情，自告奮勇地讚美自己是「一個充滿想像力和故事的存在」，果然寫得很合理、很正常：

我是一件純白色的連衣裙，剛剛被展示在高級時裝店的櫥窗裡。

這裡是一條繁華的商業街，人來人往，喧鬧嘈雜，但我卻是它們中最炫目的存在。我總是期待著有人走進店裡，發現我，然後把我帶回家。這樣，我就可以見識更多美麗的事物，去更多的地方旅行，感受到更多的愛和歡樂。

終於，有一天，一個高大英俊的男子進來了。他的眼睛掃視了整個店鋪，然後停留在我身上。我感到心中一陣激動，彷彿我的夢想即將實現。

男子靠近櫥窗，用手指輕輕地觸摸著我的面料，眉頭微皺，似乎在考慮。過了一會兒，他決定把我買下來，帶回家給他的女朋友。當晚，我來到了一個新的家，一間漂亮的公寓。女孩子開心地把我拿出來，試穿在身上。她的笑容像陽光一樣溫暖，讓我感到幸福和滿足。

在接下來的日子裡，我去過許多地方，看到了許多美麗的事物。我去過海邊，看到了白色的海浪和沙灘；我去過花園，看到了白色的花朵和樹木。我還陪伴女孩子參加了許多晚宴和派對，見到了許多重要的人物。然而，最讓我感到幸福的是，我見證了女孩子和男子之間的愛情，他們總是手牽手，一起走在街上，對視的眼神中充滿了愛意和幸福。

我是一件白色的連衣裙，但我不只是一件衣服，我還是一個充滿想像力和故事的存在，見證著許多美麗的時刻和感動的瞬間。

因為小切還是個孩子，所以，就讓同樣也是小學二年級的賴瑺憓小妹妹也來寫一篇〈白色〉，一起作文大PK：

我是白白的橡皮擦，一開始我的小主人沒用我時，我還是新新的，但只要開始用我，我就得被關在黑漆漆的鉛筆盒裡，和其他的橡皮擦和鉛筆一起住，我一看到黑黑的同伴，就想到以後的結果，所以，我有點害怕的往那裡走。

可是，我一直走一步、退兩步的，那個黑黑的橡皮擦走向我，對我說：「我就要被主人拋棄了，你以後也會像我一樣的。」他一說完，主人就把他拿起來。

從現在開始，主人只要一用我，我就躲過來、躲過去的。哇，我被主人尖尖的鉛筆給叉傷了，我白白的身體被用黑，像章魚在逃亡噴的墨汁一樣，我真的想洗澡了。一回到家，小主人就用一張白白的紙，讓我在上面磨擦，我好喜歡洗澡，可是我卻會變小，這樣我就會一半喜歡洗澡，一半不喜歡洗澡。

我好想回到製造的地方，跟以前的朋友在一起，可是我現在的工作，就是把主人的本子擦乾淨，讓我們橡皮擦王國變得更有名。

明明要寫〈白色〉，卻打破純淨、高雅、清新、無暇，在一團漆黑髒亂中尋找消失的乾淨。**逆轉邏輯，反而顯得特別生動，這就是「創意」的珍貴**，讓作文更精緻的晉級修煉。

2 從基礎到進階：熱情和轉型

很多人會很好奇，究竟，什麼時候才是學作文「最好的時刻」呢？

回想一下，當我們剛上小學，慢慢適應小學生活，熟悉一些國字和注音用途與規則以後，是不是對這個世界充滿著熱情與好奇？這個充滿熱情與好奇的**一年級下學期**，就是學作文最好的學習起點。

這並不表示我們一開始學作文，就必須寫出長篇大論，而是在學習「**觀看世界**」和「**收集整理**」的方法。很多爸爸、媽媽擔心，孩子不喜歡閱讀，怎麼辦？或是焦慮地反覆抱怨，孩子看了這麼多書，為什麼一提筆，滿篇都是流水帳？

知道什麼是流水帳嗎？所有生活的記憶，沒有經過整理，平板又囉唆地「想到哪就寫到哪」，很容易就會變成流水帳。所以，我們要在小學一年級下學期這個**「學作文的黃金時刻」**，把「結構」的概念注入身體裡，整理學習到的一切驚奇，流暢地把生命的好奇和歡愉記錄下來，在小學一年級到三年級這段歷程，我們要下定決心，**準備好營養的文學土壤**。

三年級，**是文學轉型的「發酵期」**。這個階段，有許多可能。有的人快、有的人慢；有喜歡寫得很可愛、很好笑的；也有想要假裝很悲傷、很可憐的；有的人很天真，還停留在天馬行空的「想像世界」

裡；有的人慢慢長大，已經可以針對「真實世界」做更多的討論……。好像我們為自己的文字學習，按下一個熱鬧、有趣，其實變化繁雜的「快速鍵」，詳細的內容都來不及看清楚，只覺得快速的畫面、聒噪的聲音，讓人又忙又緊張，還有一點點興奮。

到了小學四、五年級，這是學習寫作文的「關鍵時期」。這個階段，我們從天真、自由和想像，開始接受爸爸、媽媽和老師對我們的期待與規範，透過文字的學習與冒險，透過「沒有標準答案」的文學引導，順利完成成長轉型期間的各種掙扎與整合。這個強迫自己一定要從「想像世界」跳進「真實世界」的轉型期，有人適應得很快、很順利，有人適應得很慢、很痛苦。

究竟，學得快、學得慢，那一種模式比較好呢？寫得天真、寫得成熟，哪一種頭腦比較厲害？

其實，這就跟「龜兔賽跑」這個故事一樣的道理，兔子速度快，烏龜速度慢，可是，兔子有可能贏、烏龜也有可能贏，我們都不知道。因為路上有太多的風景、太多不一樣的人，以及太多我們原來沒有想到的意外狀況。如果路很平直順利，兔子跑很快，當然很厲害，如果路上出現一條大河、或者是兇猛的野狼，烏龜會游泳、也可以躲進硬硬的殼裡保護自己，我們真的不知道，烏龜和兔子，哪一個比較厲害？

重要的是，我們要學會替自己打氣，一定、一定要堅持到底，不能中途放棄。

半途而廢的人，永遠跑不到終點。有許多人，就是從小學四、五年級這個寫作文的「關鍵時期」開始討厭寫作文。作文解憂法寶店，就這樣特別準備各種法寶，陪著大家，為自由自在的快樂想像和整個變化無窮的世界運作，形成緊密而自然的聯繫；在「具體」的細節刻畫中，慢慢擴大到一種極為「抽象」的提問、辯論和確定，做為感情、生活和人生討論的基礎。

也就是說，我們要學習、掌握從**「想像」到「真實」**的作文技巧，就可以輕鬆轉型，做好「文字也要慢慢長大」的準備。

3 從想像到真實：真情，視角，見識

從自由、有趣的「想像世界」作文岔路，轉彎到另一條整齊、有意思的「真實世界」作文高速公路，一開始，我們需要放進作文裡的，就是更多的「**真實的感情**」。比如說，我們抬頭看到星星對我們說話、眨眼睛，甚至星星會逃走、玩捉迷藏……到了平興國小三年級**張力云**寫的〈**流浪星星**〉，就多出媽媽的照顧和溫暖：

月亮媽媽高高掛在天上，一閃一閃的小星星閃呀閃的，像是在跟我玩躲貓貓，我望著美麗的夜晚睡著了。天亮時，月亮媽媽睡了，每

一顆小星星也睡著了，但是，我看到一顆睡不著的小星星還高掛在天上，好像被月亮媽媽罵了。

從前那顆星星哭的時候，溫柔的媽媽都會拍拍它的頭安慰它，但是小星星已經跟月亮媽媽吵架了，哭得再大聲，都沒有人安慰它，也沒有人拍拍它的頭安慰它，小星星開始想起月亮媽媽的好，月亮媽媽每天都會講故事給每一個小星星聽，小星星終於知道，為什麼月亮媽媽要罵小星星了，因為月亮媽媽是最相信小星星的人，所以月亮媽媽想要讓小星星自立自強，培養小星星的毅力。

一年後，又有一個小星星被趕出來了，這顆小星星告訴另外一顆小星星被罵的原因，現在小星星一顆一顆都變得很能幹了，有的會蓋房子，有的會唱歌……。

我覺得，月亮媽媽很有愛心，因為它教出來的小星星都很能幹。

然後，我們會學著用一種「**新鮮的角度**」重新檢查日常生活。比如說，我們過生日、受傷、和家人朋友吵架，甚至晒黑了、長高了、換乳牙戴牙套，我們都可以把自己最真實的感情「假裝」成任何一個日常生活中的角色，換一種角度深入了解、解釋。林森國小三年級的潘哲泓就在〈**乖寶寶守則**〉，帶著我們看到乳牙在想什麼？

我是一顆健康、快樂又調皮的小小牙齒，有很多人都叫我「乳牙」。而我們小小乳牙也有自己的乖寶寶守則喔，很奇妙吧！

我們小小乳牙的乖寶寶守則就是：第一條，每天一定要刷牙，這樣才能保護我們這些小小乳牙。第二條，主人不喜歡吃的東西，不要勉強主人一定要吃下去，主人才不會不喜歡我們。至於第三條，是最嚴格的守則，如果違反了前面兩條乖寶寶守則的話，就要被拔掉！那可是很痛的，所以每顆小小乳牙都很聽話，連我也在內。所以每一顆乳牙主人都很喜歡，大家也都沒有被拔掉，除了蛀牙乳牙之外。

因為蛀牙乳牙實在是蛀得太厲害了，所以一定要把這顆蛀了一個大洞的乳牙拔下來，牙醫師幫主人拔牙的時候，主人哭得好大聲唷，那個時候大家就覺得拔牙很痛，我們的心裡也都覺得，蛀牙乳牙好可憐喔！

然後我們跟著主人漸漸長大，也漸漸的愈變愈乖，雖然還是有一點點調皮，但是卻更可愛了，我們也都很小心的遵守乳牙們的乖寶寶守則，因為第三條守則實在是太可怕了，所以我們都希望，大家可以愈做愈好，愈做愈棒，然後我們才能讓自己變得更好。

最後，我們會運用「想像」來解釋「現實」，使得很普通的「科學事實」，閃耀出生動明亮的「文學色彩」，這就是在作文裡讓人難忘的「**特殊的見解**」。信義國小三年級的**謝宗瀚**在〈**以前的我**〉用「玩遊戲的勝利者」，來解釋「雙胞胎哥哥」，就是有趣又有意思的見解：

以前的我，最喜歡玩遊戲了。

那時，我只是一個很小的精子，世界當然不可能只有我一個精子，有好多精子男生急著追一個卵子女生。那個時候，有一個祕密通道，大家都想進去，我要爬過很多高山，繞過很多山坡，跑過很多陡峭的路，但是我還是不斷努力，所以我第一個到達得到第一名，另外還有一個精子得到第二名，就是我弟弟，然後祕密通道就關閉了。

我和我弟弟就這樣誕生了！而且啊，我弟弟和我只差二分鐘就出來了耶！所以他就成了我的弟弟。還有一件事，就是我和弟弟不是同卵生喔！我也不知道為什麼，所以今天就到此為止……我們是雙胞胎，而且啊！我們都想要做一個有用的人，用心長大，用心體會生命中所有美好的事。

我覺得，現在的我和以前的我有很多變化，但是我只會說一個，那就是：我比以前更懂事、更聽話、更進步了。

真情，視角，見識，讓我們完成了從「想像」到「真實」的作文修煉。

4 從具體到抽象：畫面停格

三年級，是文學轉型的「**發酵期**」，像麵團放進烤箱，揉進一點點想像世界、一點點真實世界，隨著溫度發酵，從可愛的想像中，慢慢記得一些生活裡重要的人和事；在一次又一次認真記下來的過程學會珍惜；學習一些讓自己變好、變快樂的方法，最後才完成營養、好吃，看起來又特別吸引人的「精神食糧」。有的時候，我們會遲至小學四、五年級，才慢慢適應這些轉變，這樣慢慢長大也不錯！我們會記得更多甜甜的「小時候的快樂」，這當然是一件很棒的事情。

小學四、五年級這個寫作文的「關鍵時期」，我們要學習從**「想像」跳到「真實」**。那些摸得到、看得到、聽得到、聞得到的所有我們稱為「**具體**」的人和物，要用來表達看不到、摸不到，只能用「心的感覺」來體會的「**抽象**」的情緒和道理。比如說，具體的太陽，可以用來表現抽象的「勇敢」、「熱情」和「力量」；具體的雲，可以用來表現抽象的「流浪」、「溫柔」和「自由」；具體的「下雨」，可以用來表現抽象的「傷心、流淚」或「無聊，被雨鎖了起來」……。

從具體的「物」，跳進抽象的「情感」或「見解」，除了**真實感情**、**新鮮角度**和**特殊見解**之外，更重要的關鍵是，降低過度強烈的動態設計，**讓畫面停格**，加入細膩刻畫。

在作文裡，那些驚天動地、類似卡通影片的情節變動：天塌下來、地震、火山爆發、水怪把洪水淹上三層樓高……會讓作文呈現一種天真熱鬧的節奏，雖然很不真實，卻很具體、很單純，有時候就顯得很孩子氣。當卡通化的動態變化減少，畫面就會「停格」在最重要的瞬間，加入更多情感描寫，就算是虛構的想像故事，因為感情細膩、真實，我們就會體會到一種「抽象」的渲染和感動。

中壢國小三年級蔡旻倩的〈**現在，我很幸福**〉，運用簡單的畫面，慢慢刻畫不可思議的情節。雖然是動畫般的「虛構想像」，透過畫面停格後的情感渲染，有點像宮崎駿的電影，無論是描摹大場景或小鏡頭，都能讓人感受到一種「真實細膩」的親密幸福：

一道光在我眼前飛過，我的身體慢慢變小、慢慢變小……。畫變得好大好大，我站在畫裡，美麗的花，全部都變成真的，風吹過的感覺，像冰冰涼涼的冰箱，好涼好舒服⋯⋯。在這個畫裡頭，所有的美麗幻想都變得這麼真實，我可以為花朵加上七彩的顏色，讓花變得更美麗；還可以和小動物一起跑步、捉迷藏；還有好多好多遊戲可以玩。

突然，天空慢慢的暗下來，天上下起雨來，在荷葉下躲藏的我，慢慢拿起荷葉，跑到好遠好遠的屋簷下，時間一點一滴過去，天氣好冷、好濕、好難受。我真的好想、好想回到原來的世界，回到溫暖的被窩裡。那種溫暖的感覺，就是幸福的感覺。

我們可以歸納出從「具體」到「抽象」的關鍵作文法寶是「**畫面停格**」，避免強烈動態，刻畫細膩細節，然後從這些靜態畫面的細膩刻畫中，表現出真實感情、新鮮角度和特殊見解。新勢國小四年級的江媺晴，就在〈聽，這聲音〉一文中，停留在夏夜林間的靜態畫面，從視覺轉到聽覺，進一步透過細膩的「聽覺放大」，把一個通俗的環保素材，寫得生機燦爛：

夜晚，如棉被蓋住白天，我的腳步停在樹林的安靜中，坐下來，窩在樹枝的懷抱中，在這裝著好氣氛的一刻，有種聲音，劃破安靜，我緊張的再往「樹保姆」靠近一點，很微小，細緻的聲音，在河岸上漂浮，我用手撐著樹枝，起身，眼睛被緊張占據，每一步，都好像把聲音轉大。我是一名無名的偵探，準備去偵察，夜晚的陌生聲音了。

我的眼睛突然冒出一隻隻帶著希望的蟲，以及各種陌生蟲，如坐咖啡杯一圈一圈的飛，在我的最後一步要踏上時，蟲子落下，河面的影像被開啟，人類抓蟲的影像一幕幕出現，毒蜘蛛打破仇恨的氣氛，把他的毒染在傷害動物的人類，蟲子的心情，從忍耐到爆發，一個個用最大音量，指著人大罵，口水一滴滴射到河上，那可愛的螢火蟲，光不再美好，發出恨，很多的聲音，包著仇恨，散發，而人類的臉上，黏了好幾顆果實，都代表一種恨。

我聽那聲音，難過地流下淚，這麼微小的聲音，而我聽到的憤怒卻這麼大。原來，夜晚是昆蟲射出心情的聚會，那一句句小聲音，載著不高興，我轉身面對樹，風吹來安慰我，我一步一步走著，那聲音，集合仇恨的聲音，在我的腦流動，人們的傷害重到蟲的大罵我都聽到了，希望蟲子的聲音，會在未來的有一天，從恨的晚會，變成愛的晚會。

5 三的魔法：法寶總動員

從小到大，是不是常常聽人說著：「數到三唷！」好像數到三，就馬上會發生一些神奇的、恐怖的、厲害的、不可思議的事。有一本書，就叫做《我數到3ㄛ》，書中發明一套神奇的「1-2-3魔法術」，把「123」當做一種神祕的「動詞」，讓老師不用大吼大叫，只要數到三，學生就能乖乖聽話；還有一本書叫做《搞定你小孩——數到三也沒用的時候》，「123」又變成一種超厲害的「形容詞」。

你呢？數一數「123」，會讓你想到「123，木頭人」的興奮刺激？還是一場「世界即將開戰」的點火訊號呢？無論我們原來對「三」存著什麼感覺，還是提醒大家，三啊！真的有一種神祕魔法。

還記得在學作文起點，我們先要求自己一定要打敗作文妖魔嗎？哼！作文妖魔膽子很小，多半結成「三人作亂小組」跑來，還記得嗎？1.**平板的開頭**；2.**話說得太多了**；3.**流水帳**。

當然，在對付這些作文妖魔以前，我們要一直提醒自己，「錯別字」在「稿紙」這片作文土地上，到處設下陷阱，粗心的人，很容易就陣亡。因此，一定要小心注意：1.**同音錯字**；2.**形似錯字**；3.**錯用部首**。

幸好，我們在打敗妖魔時，也修煉出很多作文法寶。還記得最厲害的「解憂三寶」嗎?沒錯!1.**內容**;2.**結構**;3.**修辭**,剛好是三的魔法。

作文內容,其實就是我們自己的想法,這就是「作文材料」,作文材料怎麼分配、組成的呢?哈哈,還是得回到這個厲害的「三」:**1.自己的生活故事;2.自己的感覺情緒;3.自己的見解和決定**。

有了作文材料,我們必須精巧地從這個材料連接到那個材料,這種「聯想法寶」,也是三種:1.**接近**;2.**對比**;3.**相似**。

準備好這麼多材料,為了寫定引人注目的「第一段、第一句」,我們用心記憶「開頭口訣」:1.**名詞**;2.**形容詞**;3.**動詞**。耶?也是三的魔法喔!

還有啊!為了經營出讓人難忘的環境氣氛,我們用什麼「背景法寶」來鋪陳開頭呢？1.**大自然**；2.**器具**；3.**身體細節**。

像多啦A夢擁有一個百寶口袋般，我們也進入一間神奇的作文解憂法寶店，收藏這麼多「三」的作文法寶。重要的是，我們要多加練習，反覆熟悉，直到這些「作文法寶」全部被我們吸收、消化，融合在一起，我們才可以自由、流暢地運用。

所以，我們必須重新閱讀這些作文法寶，**大聲朗讀**，**反覆背誦**，然後在心裡**系統整理**，不斷在腦海裡反覆溫習，對付作文妖魔。在寫作最初，尋找新鮮的作文材料，為自己累積「寫作寶庫」，也是為「**內容**」扎下的基礎工夫；然後把這些作文材料，放進「背景」、「細節」、「變化」、「結論」的精密「**結構**」裡，確定寫作文時的前後關係；當選材和結構緊密銜接，不斷寫出特別而充滿創意的自己，再運用「**修辭**」的力量，讓「作文裡的自己」變漂亮，變得更討人喜歡、更吸引人。

這時，我們可以更進一步消化整理，如果名詞、形容詞、動詞可以精確有效地美化「第一段、第一句」，如果「**大自然**」、「**器具**」、「**身體細節**」可以豐富背景氣氛，那麼，我們是不是可以像練武功一樣，開創自己的方法，把名詞、形容詞、動詞自由地融入全篇作文的修辭運用；把大自然、器具、身體細節技巧地展現出全篇作文的立體效果呢？

可以說，「結構」是固定的，「內容」和「修辭」卻必須在極度自由中，做更自然、更不受規定約束地融合與變化，這樣，我們的作文，很自然地，就可以隨著我們的年紀一樣，慢慢長大，**從基礎到進**

階、從想像到真實、從具體到抽象。瞧！多神奇啊！剛好也是三的魔法呢！

6

四個標準：新鮮視角，畫面停格，真實情感，特殊見解

認識了「三」的魔法以後，我們把所有的作文法寶放在心裡，經過「**朗讀**」、「**背誦**」、「**整理**」這三個學習過程，綜合吸收、消化後，我們就可以理解，想要寫好作文，一定會經過這三個學習歷程：首先，**向作文妖魔宣戰**；接著，精煉出**解憂三寶**，只要內容妙，結構好，修辭又多嬌，就不再害怕寫作文，甚至會有很多機會愛上寫作喔！最後，我們不只找到寫作的好材料，還懂得**做作文的化妝師**，把作文寫得更漂亮，這就證明我們長大、進階了。

從基礎到進階、從想像到真實、從具體到抽象的關鍵，其實就在我們能在「想到哪就寫到哪」的「最低標準」裡，加入「更高標準」的精細刻畫，包括：

1. **新鮮的角度**。
2. **畫面的停格**。
3. **真實的感情**。
4. **特殊的見解**。

無論我們要寫什麼，一定先要想好一個「**和別人不一樣**」的新鮮角度，然後細膩刻畫出停格畫面，藉著這些具體的場景、人物和事件，寫出細節，讓人深切感受到真實的感情和特殊的見解。比如說，描寫蝴蝶，從大黃狗衝入花叢寫起，連接到一群鮮豔卻又驚慌的小蝴蝶四處飛起，大黃狗和小蝴蝶對照，很緊張、又很熱鬧吧？有的人卻對照比較毛毛蟲和蝴蝶，同一個生命體耶！因為長得不一樣，我們卻喜歡這個、討厭那個，很奇怪吧？

「大黃狗的魯莽」和「小蝴蝶的驚慌」對照，這種取材角度是「具體」的，到了「喜歡」、「討厭」這些情感對照，取材已經變得「抽象」了！隨著不一樣的角度，我們開始越想越深沉，喜歡這個、討厭那個，珍惜這些、害怕那些，有的脆弱、有的堅強……當我們加入越多「抽象」的感情，我們討論的「見解」，也就越來越多面，越來越不一樣，越來越有力量！

還是用「具體的蝴蝶」來舉例，我們可以加入許多「抽象的情緒」，同時在這些情緒背後，提出許多「抽象的見解」：

1. 我們欣賞美麗的蝴蝶，討厭毛毛蟲，是不是就像我們只注意到成功的人，卻拼命嘲笑所有努力的過程。

具體的「毛毛蟲和蝴蝶」的對照，不只是抽象的「喜歡和討厭」的對照，更深層地延伸到「人生從辛苦付出到努力收穫」的抽象意義。

2. 蝴蝶能美麗地在空中起舞，也會落在蜘蛛網中枯萎成落葉。外表華麗的人，不都是這樣嗎？短暫的姿態，脆弱得不堪一擊。

具體的「空中飛舞和蛛網枯萎」的對照，象徵抽象的「外表華麗的人」，也延伸強調出「短暫的姿態不堪一擊」的抽象意義。

有時候，我們不只是靜態畫面的停格，從動態曲線的延伸，寫出更細微、更精緻的抽象意味：

3. 蝴蝶是一個個趕路的人，在百花旅館中飛舞，走走停停，補充完體力就飛往下一個花叢，永遠不肯安定下來，像每一場沒有下過苦功的臨時抱佛腳，考完試，什麼都沒學到，短暫的營養都用完了。

蝴蝶在百花旅館中走走停停，像每一場考試的囫圇吞棗，這真的是一種結合「畫面」和「動態」的精彩象徵。一看到這個具體的畫面，我們就會生出抽象的警惕，讓自己獲得啟示，一定要扎實努力，才不會讓自己變成可憐而沒有用的「趕路蝴蝶」。

就是靠這些新鮮視角、畫面停格、真實情感和特殊見解，讓我們無所侷限地，從具體的外在觀察，對照出抽象的內在世界。當我們盤旋在大自然的沉澱、飛揚和四時浮沉，更要懂得學會，以鮮明的「意象」來傳達深邃的情感和思想，在記錄天空、海洋、白天、黑夜，以及各種植物、動物……同時，回望自己，也眺望世界，超越我們所看見的具體天地，看見更深一層意涵：

1. 古煜舟〈孤獨的天空〉：在世界上，我們的視野僅可看見一小部分，無邊無際的天空一成不變的懸掛在那。

2. 黃芷芸〈微溫的星〉：天上的星星散發光芒，聚在一起，彷彿夜晚不再冰冷，充滿溫度。

3. 黃子恩〈孤獨星〉：再明亮的天空，我們也需要朋友。

4. 廖柏翰〈明亮夜〉：光明與黑暗共存，不可能全白或全黑，這就是「人生」。

5. 林永朕〈熱情火〉：火焰會不斷燃燒，成為灰燼，如同生活持續前進，但當我們樹立全新的目標，熄滅的火苗也會重新燃起。

6.鄭皓文〈溫柔風〉：所有的思念都會化作一道風，吹進我們的心坎。

7.方藝琪〈開心雲〉：接受限制，珍惜陽光，享受自由。

8.簡郁儒〈孤浪〉：從岸上囚牢的拍打，轉而看見無邊浪潮的深邃和清涼。

9.盧德昇〈石頭湖〉：如果人類是石頭，那世界就是湖。再小的石子也能讓水波充滿整座湖。

10.陳郁婷〈快樂狗〉：我們曾經都像「瘋狗」，學會節制，才變成「快樂狗」。

11.李欣蓉〈模仿貓〉：我們都在模仿，只要向前一步，就可以讓大家共同學習、成長。

12. 黃子睿〈雙生貓妖〉：一陰一陽相互融合，象徵著人類的黑暗面及正向面，這些力量成了喜怒哀樂。

13. 蔡東儒〈肚子餓的鳥〉：檢視自由飛翔和填飽肚子的比重和限制。

14. 蘇裕淵〈飛馬〉：我們都像賽馬，日夜奔騰，直到找到翅膀，各自飛往不同的地方。

15. 徐丞妍〈舞鵝〉：無止盡的練習，確認在拉開布幕時，天鵝的舞成為絕響。

16. 許見齊〈再生壁虎〉：壁虎再生，是我們犯錯後得以彌補的機會。

17.林永宸〈可憐螞蟻〉：為了生存，努力工作，尋找食物。
18.陳昀妃〈自由魟魚〉：享受自由，繞逐著自己小小的目標。
19.唐嘉妤〈繽紛珊瑚〉：面對失敗時，不能變成灰白，人生路途不一定要完美，但要過得多彩繽紛。

7

字句化妝師：名詞和形容詞

以新鮮的角度，從具體的「**畫面**」，連接到抽象的「**感情**」和「**見解**」，這就是我們訓練自己的作文「從具體到抽象」的關鍵法寶。有沒有覺得，從具體到抽象延伸出來的想法和字句，看起來都好美麗啊！而且，這些句子都從我們自己和別人不一樣的新鮮角度出發，看起來都很特別。

這些年來，因為有許多用心而憂慮的老師與家長，不斷讓孩子們背各種成語和美詞佳句，所以，有很多作文裡的句子都「看起來很相像」，這樣的作文，可以算是好作文嗎？比如說，從小學一、二年級的小弟弟、小妹妹，到四、五年級的大哥哥、大姊姊，我都看到他們在作文簿裡這樣寫：「我們依依不捨的離開公園」、「下雨天，變成落湯雞」、「老師們鞠躬盡瘁的教育我們」……。

這些句子，有趣嗎？要怎麼樣寫，我們才能為自己的作文，做一個精彩的化妝師呢？

首先，一定要用「**自己的句子**」，這是我們自己的生活、自己的人生、自己的感情和見解，何必套用那麼多成語和美詞佳句呢？

喜歡「用自己的話為作文化妝」的孩子，在作文簿裡寫出：「爺爺抱著我，像肉包的皮，我是肉包裡的肉，軟軟的，好快樂！」哇！真覺得有一種溫暖又捨不得放開手的「依依不捨」啊！

看到「下大雨，我們全身都淋溼了，像掉在泥巴裡，腳都舉不起來」這種字句，很快也深深感受到身體重重的，擔心起這隻可憐的「落湯雞」，什麼時候才回得了家呢？

所以，寫作文，最重要的態度是運用自己的感覺，寫出只屬於自己生命經驗的字句，**擁抱生活、珍惜生活、記錄生活**，而不是為了比賽、考試，漫無節制地付出「快樂」做代價。當作文教育越來越走向「考試優先」、「題型優先」時，我們更要要求自己，認真地真實生活，說自己想說的話，寫自己想寫的句子。

習慣捕捉「自己的句子」以後，可不能寫出一大堆亂七八糟的句子，更要綜合運用第一段、第一句的「開頭法寶」：「名詞、形容詞、動詞」。確定從「名詞」、「形容詞」「動詞」延伸出來的字句，有能力引人注目後，更要擴大這些規則，融入全篇作文，做字句的化妝師，把句子寫得更漂亮。

比如說，我們用「思念」這個抽象的感情作例子，先找出和思念有關的「**名詞**」，讓思念呈現出具體的畫面：

1.思念是一條線，牽住了相隔遠方的人。

2.思念是橡皮筋，總是把人的心緊緊地綁在一起。

3.思念是一本日記，只能寫在腦子裡。

4.思念是一台古老的點唱機，不停地播送著從前的旋律。

從線、橡皮筋、日記到點唱機，這些具體的名詞，越來越鮮活，越來越具有畫面動態的暗示。然後，我們加入更多的「**形容詞**」：

1.思念是一條短短的繩子，怎麼才一分開，就可以扯得讓人這樣疼痛？

2. 沙子般的思念，一點點、一點點地堆積，越來越多，越來越多，然後忽然崩塌。

3. 刀一樣的思念，沒有鋒刃，卻可以刺在心上，劃著一條條的深痕。

很可怕吧？短短的繩子、崩塌的沙子、刺在心上的刀，隨著加入這些「形容詞」，卻產生人像「動詞」的力量，慢慢跳出來。然而，「動詞」的運用，句子會變得更細膩、更新鮮、更強烈，試著大聲朗讀這些句子，並且感受一下，和「名詞」、「形容詞」這兩組句子比較，感覺有什麼不同？

1. 思念關在透明的玻璃窗裡，只要一開窗，悶熱的想念就急著飛出來。

2.思念用一把又一把帶刺的荊棘，把人們刺得滿身傷痕。

3.思念是一本翻不完的書，永遠看不到結局。

4.思念是行走在沙漠裡的一雙腳，雖然不停地向前走，卻常常回頭，然則，走得再久，也覺得還停留在原地裡。

8

加入動詞：瞬間升級的超級法寶

當我們熟悉「名詞」、「形容詞」、「動詞」的力量，慢慢就會發現，「名詞」的多面延伸、「形容詞」的深入界定、「動詞」的驚奇變化，不只在第一段、第一句下筆時，可以帶出背景氣氛；更重要的是，在我們進行更多的人、更多的物、更多的事件描述時，這些都是我們在寫作文時最珍貴、同時也是最有效的作文法寶。

尤其是動詞的運用，簡直可以算是字句化妝師裡，最準確、最有效的「超級法寶」。既然知道世界上有這麼好用的超級法寶，我們就要訓練自己，把這個美麗的「作文化妝包」，裝進更多「動詞」的運用技巧，才能把作文打扮得更美麗，而且更有層次。

如何好好運用「**動詞**」的千百種風情呢？首先，想像著攝影鏡頭，停格在一個固定的畫面，準備好作文材料，為這些「特寫主角」，製造出**細膩的動作**。無論是喚醒、深吸、打哈欠、弄溼、搖出美夢……這些動詞中都藏著一種細膩深邃的情緒：

1. 芒草呼喚著沈睡的陽光。
2. 在還沒被陽光喚醒的地方，有一道瀑布，一直流一直流……。
3. 大海深深吸一口氣，波浪翻滾著，它的肚子裡裝了很多魚。
4. 小魚被漩渦吸進了深海的肚子。
5. 早晨的陽光，叫醒了小魚，小魚打個哈欠，開始往前游。

6. 霧是個偷懶的清道夫，常常只是把大地弄溼了就走。

7. 搖椅輕輕晃著，溫柔地搖出老年人的美夢。

有時候，因為動詞的介入，使得沉靜的名詞、慣常的作文材料，無論是「具體的物」或者是「抽象的情緒」，都在「叛離原始意義」的新角度、新視野中，從短短的字句裡跳出來，歧生出**新鮮的看法**：

1. 磁鐵最重視友情。常常一看到朋友，就緊緊地抱在一起。

2. 搖籃創造出娃娃的滿足。

3. 做錯事的雨，和一大群愛冒險的雨做朋友，相約一起跳「雲」逃家。

4. 溫柔的山，總默默忍受著別人在他身體上踐踏。

5. 噪音離不開耳朵，吵得耳膜都快破了。
6. 青春是一輛停不下來的快車，載著人們的熱情四處衝撞。

晒太陽、很熱、下雨、游泳、海的翻滾、花、手錶、天亮了……

這些平凡的日常現實，因為動詞的特殊魔力，展現出強烈的力量：

1. 我們在游泳池霸占著溫暖的太陽。
2. 太陽不知不覺偷走夏日的清涼。
3. 海水一生氣，就把沙子推入惡夢中。
4. 海浪轉來轉去，雨打在石頭上的聲音好大聲。
5. 雨是千萬支不停止的箭，不斷射向我的身體。
6. 一滴一滴的雨，穿透我的心，不斷刺進最痛的地方。

7.花園囚禁了美麗的花。

8.手錶一點一滴剝奪人們有限的歲月。

9.光明圍捕了寂靜的黑暗。

我們從「**細膩的動作**」、「**新鮮的看法**」和「**強烈的力量**」中，找出動詞的切入點，寫出平常很少用到的各種奇特有趣的動態變化。因為刻意去搜尋這些「和平常不一樣」的表現，這些字句化妝，又會在我們的作文中，凸顯出一種極具魅力的細膩動作、新鮮看法和強烈力量。

因為「**動詞**」的奇特魅力，讓我們的作文在很短的時間裡，表現出細膩的動作、新鮮的看法和強烈的力量，所以，我們要善用「動詞」的力量，為作文增加一點熱鬧的層次、繁複的顏色，並且改變我們固定而僵化的「看事情的視角」。

善用動詞，看起來很厲害、很重要，實際訓練起來，其實非常容易。我們可以為自己設計一個「**動詞教練場**」，打開字典，或者是依賴習慣與想像，先列出很多很多動詞，然後套進各種各樣的名詞，連接出一種動態變化。許多人以為，寫作要靠靈感，其實，我們更需要一次又一次練習，每一次都不能重複。慢慢地，我們就會覺得越來越自然、越來越簡單，像第一次拿起色筆畫一幅畫，第一次練習直笛、鋼琴、直排輪，或者是任何一種新學習的技藝，只要「練習，反覆練習」，很快，「動詞」這個超級法寶，就會成為我們文字裡再熟悉不過的化妝師。

先試著用「**張開**」做練習：

1. 草原張開長長的手，捉住躺進他懷裡的人的每一顆心。

2. 冰雪張開嘴，把炎熱的大地吞食下去。

3. 夢張開眼睛，綻放出人間最美的光芒。

然後，拉開距離，用更強烈的力量，試試看，我們可以用什麼來「**打開**」更多更廣的世界：

1. 風打開輕快的手，在炎熱的夏日裡把鬱悶抓走。

2. 風打開每一個人的心窗，輕輕吻了所有的夢。

3. 北風打開可怕的嘴，呼呼吐著氣，把冰冷狠狠刺進人們的皮肉中。

4. 陽光打開溫柔的眼，喚起沈睡中的人，捕捉著千變萬化的眼睛。

5.新芽打開春天的窗戶，把冬眠的人們帶入華麗的殿堂。

6.星星打開夢想的隧道，吸進人們心中美麗的幻想，洋溢著綺麗的光輝。

7.鉛筆盒打開人們智慧的大門。

8.老師打開一個又一個小腦袋的智慧。

同樣的張開、打開，如果換成用嘴巴來完成這些動作，會形成什麼不一樣的效果嗎？接下來，用「**喝**」來做動詞訓練：

1.小花抬起頭來，喝了許許多多的春風雨水。

2.小魚跳出水面，張開嘴，喝下許多月光。

3.大海喝下許多河流。

4.大海慢慢搖盪著，喝下夕陽最後的溫柔。

5.我大口大口喝著書中的樂趣。

6.在書房裡，我喝著歷史人物的多情，然後沉醉。

如果我們在單純的動態裡，製造出一些聲音，是不是可以感受到一種更細膩、更新鮮、更強烈的騷動？試試看「**吵醒**」，效果如何？

1.雨，吵醒炎熱的下午，讓昏昏沈沈的大地活躍起來。

2.冰冷的雨，吵醒悲哀的黑夜。

3.訪客吵醒熟睡的門。

換成靜靜的「**收集**」，怎麼樣？試著大聲朗讀，體會一下，有沒有因為無聲的沉寂，動詞的力量就安靜下來，還是因為安靜，反而有一種靜靜的蓬勃賁張，讓人印象更深刻？

1. 陽光收集著人們寄託在他身上的希望，釋放出閃亮的光，灑在人間。
2. 月光在白天偷偷收集著太陽的餘光，等到夜晚，再把這些光撒在人們身上。
3. 小星星在天上收集著人們的希望。
4. 海洋收集著天空的色彩。
5. 楓葉收集著整個夏天的紅艷，到了秋天，才讓所有的美麗再次綻放。
6. 古老的房子收集著時代的變遷，見證著一代一代的故事，努力流傳下去。

7. 颱風收集著恐懼，只要他一到，人們躲在屋子裡，誰也不肯歡迎他。

8. 小飛俠專門在收集孩子們的夢，創造一個不老的天堂。

9. 玫瑰收集著人們的愛情，使人生得到希望和光彩。

10. 故事收集著世間的深情，努力釀造出愛和希望。

11. 記憶收集著快樂，讓每一個消失的美麗永遠都不凋謝。

12. 皺紋收集著人們滄桑的故事，使年輕的心變蒼老。

很有趣吧？只要有一本字典，隨興翻動字詞；或者，什麼都不要，只在腦海裡拼組出幾個動詞，我們就可以在自己準備好的「動詞教練場」上，玩得開心，又覺得文字多嬌，世界都變漂亮了。

9 修辭句寶典：收集精緻又好用的修辭文句

當我們決心做一個精彩的作文化妝師，記得從「**大自然**」、「**器物**」和「**身體細節**」中，選擇一個「具體的畫面」，停格描寫，用「**自己的句子**」，以一種新鮮的角度，熔鑄「名詞」、「形容詞」、「動詞」延伸出來的字句，創造出細膩的動作、新鮮的看法和強烈的力量，然後活用一方面必須建立關係、一方面又要拉開距離的「**作文連接點**」聯想法則，把具體的「畫面停格」，連接到抽象的「感情渲染」和「見解說明」。

這種融會所有我們學習到的「作文法寶」所描寫出來的「大自然」、「器具」和「身體細節」的「特寫鏡頭」，因為動態力量的翻轉，在文字裡，特別鮮活，把一種「平面的作文材料」寫成幾乎是「立體的電影現場」。

有時候，我們只需要提醒自己，為這些固定的作文材料，收集很多常用、而且非常好用的字句，建立一本小小的「修辭句典」。比如說，和「大自然」相關的風、樹、葉子、河流、春、夏、秋、冬……和「器具」相關的玻璃杯、鉛筆、一盆小花……和「身體細節」相關的手掌、皺紋、頭髮、眼睛……。隨著一次又一次熟練地再製與仿作，慢慢地，就可以得出心得，寫出自己特有的文句：

一、大自然：

1.一陣又一陣的風，快速在樹旁吹著，春天的氣氛已經跟樹葉一起飄到很遠的地方去了。

2.秋風從樹上掃落樹葉，被掃落的葉子從高處飄向水面，被小河帶到遙遠的地方。

3.秋風喜歡和荷葉玩捉迷藏，當葉子不注意的時候，帶著它到處旅行，葉子累了，慢慢掉落在草地上休息，等待下一次旅行。

4.最後一片葉子掉下來，最後一個希望也掉了。失落的心情，隨著葉子的掉落，慢慢被人們遺忘。

5.還記得去年紛紛落下的楓葉染紅大地，葉子在空中轉了兩圈，慢慢掉下來，像是對世間吐露最後一絲絲留戀。

6.最後一片枯黃葉片，抓緊樹枝不放，可是，仍被狂風掃落，只能乘著旋風，跳出生命的最後一支舞。

7.枯木變成一個老人，默默站在那裡，曾經翠綠的山路，已成為在心裡的回憶。

8.不知何時，樹上的葉子掉光了，濃密的夏服都裁成單調的秋裝，把寒冷傳到心底。人生中的每一次機會，就像那些葉子一樣，如果不好好把握，都會離我們而去。

二、**器具：**

1.玻璃杯裡的水，倒映出我們生活在這個環境中的各種百態。

2.玻璃杯裡的冰塊慢慢融化了，我用手擦去杯外的水滴，眼中滿是委屈的淚水。

3. 拿起杯壁已經凝結成無數水滴的杯子，溫熱的手已沾滿水，有如沙漠中出現了一片冰原。

4. 輕輕的啜了一口手中的玻璃杯，杯中早已剩下冰塊，看著透明的玻璃杯，心也變得透明寧靜。

5. 一個人坐在屋裡，握在手中的玻璃杯，彷彿是最後的依賴。晃了晃玻璃杯，水一點一滴溢出來，就像我對和我吵架的朋友的恨意，漸漸減少了。

6. 杯中的水波，一圈圈散開，輕輕搖動冰塊，一塊塊碰到玻璃杯的聲音，像一個人在輕輕打著節奏，好像忽然了解，心如果碎了，只有快樂，才能覆蓋悲傷。

三、**身體細節**：

1.坐在海邊，眼睛裡映著海水的波動，岸上的畫家急著把彩霞留在白紙上。

2.吸了吸鼻子，廚房裡傳來香噴噴的菜味，有一種「媽媽回家了！」的幸福。

3.媽媽大笑著，眼尾拖出細細長長的皺紋，很漂亮唷！快樂啊！真的是永遠不會老的祕方。

4.手指顫抖著，緊抓住批滿紅字的考卷，看看周圍，每個同學都在行動競爭、心裡戰爭，每一天都好寂寞。

5.在冰冷的手心裡呵著氣，細細的掌紋，裝著溫暖和回憶的熱火，讓冬天升起溫度，世界就沒有那麼可怕。

6. 撐著地板，努力站起來，雖然這場賽跑因為跌倒而慘輸，我還是相信，最後能站起來的人，才是真正的勇者。

反覆朗讀這些字句，並且檢查其中的多面名詞、細膩形容詞和強烈的動詞變化，就算不能背誦起來，也會因為反覆熟悉，慢慢地，經過長期的修辭訓練，讓我們都可以成為很棒的作文化妝師。

除了從「大自然」、「器具」和「身體細節」的相關材料中，收集隨時可以消化、反芻、自由運用的「修辭句典」之外；我們也可以為自己設定很多主題，因應主題收集的「**主題句典**」，具有集中、準確、有效的實用價值。比如說，人物句典、寵物句典、植物句典、水果句典、學校生活句典、家庭生活句典、旅遊句典……。

有一個很常用、而且可以適用於所有作文題目的「主題句典」，那就是「**時間句典**」。對於時間的精細描寫，不但可以在作文裡形成具體而細膩的「畫面停格」，而且因為時間是不斷變動的，有一種曲折的立體效果，會在文字裡形成緊密壓縮的時間效應。如果要做得很精細，「近午」、「中午」、「下午」、「生日」、「考試前」、「剛睡醒」、「夜半睡不著時」……都算是特別的「時間點」，可以深入收集成不同的「時間句典」。

在這裡，我們只有粗淺地以「清晨」、「黃昏」、「黑夜」、「星月」做主軸，收集了一些「時間句典」的示範：

一、**清晨**

1. 經過一整個寒冷的夜晚，太陽又出來了，新的一天，重新找到一絲絲的希望。

2. 春天來了，太陽張望著樹上的新芽，把光亮撒在葉子上。

3. 伸個懶腰，很快就發現太陽用金黃的陽光做顏料，畫出一幅新鮮漂亮的大地。

4. 跳上餐桌，媽媽把荷包蛋煎成太陽的樣子，我們叫它「太陽蛋」，吞進肚子裡的太陽蛋，又香又熱，好好吃唷！

二、**黃昏**

1. 太陽在睡覺以前，先換上金黃又帶橙的睡衣。

2. 太陽在說再見以前，都會和黑夜擁抱，然後才紅著臉離開大地。

3.大地每天下午都在學美術課，打翻紅色和黃色的顏料，隨意塗抹，到最後把天空弄黑了。

4.忙碌的寫功課，想忙裡偷閒，一抬頭才發現夕陽已經在和我揮手了。

5.太陽沉到海底以後，黑暗開始污染整片天空。

6.黃昏這個頑皮的孩子，被黑夜媽媽趕回家，然後黑夜在天空上擺起地攤，吸引了好多客人，獵人、獅子、毒蠍，連裝水的瓶子也來了。

三、黑夜

1.寒冷的黑夜，敲碎了白日的酷熱，用一雙巨大無比的「黑手」，把人們的眼睛蓋住。

2.深夜裡怕黑的雨水，只能無止盡地哭著。

3.黑夜關閉人們的眼睛，讓人們看不到髒亂的地方。

4.黑夜孤單地在天空中掉眼淚，落下一地的露珠，睡在草坪上。

5.小草淋著月光，又涼又滑，樹葉被撒出一身銀亮的光澤。

6.寂寞的黑夜，孤單地在天空中遊盪。

7.黑夜從來不會同情工作中的人們，一到傍晚，就扭掉白日的開關，讓人們不得不在冰冷的世界裡，摸黑回家。

8.沉默的黑，一直睡在無邊無際的夜裡，只有爸爸的車燈，是心中小小的一道燈火，溫暖著夜。

四、星月

1. 溫柔的月亮，推翻了殘暴的太陽。

2. 月亮藏在雲中，好像怕看到人們的生離死別。

3. 黑夜的星星是一隻又一隻眼睛，靜靜地看著大地。

4. 夜裡的星星在天空中拿著快沒電的電池，一閃一閃地玩著遊戲。

5. 流星在短短的時間裡在空中掃地，整個城市不再寂寞了。

6. 流星在天空中劃了一刀，把懶惰的黑夜叫醒，也在空中留下深刻的印象。

7. 烏雲是星星的監獄，星星不知道做了什麼錯事，常常被他關起來。

8.星空傻傻的讓黑夜占領全部的王國，並且打破每一個孩子在白天裡歡樂的夢。

像這樣，我們自由地收集時間句典、空間句典、人物句典、玩偶句典……隨著我們收集的各種「主題句典」越來越多，我們擁有的「作文資料庫」也越來越璀璨華麗。

為了珍惜這些我們在學作文時「只屬於自己」的法寶，我們可以製作一本個人專用的「修辭句典」，收集很多「分別有專屬主題的漂亮句子」，集結打字，或者用「很有個性」的字，親自抄寫下來，最後，再藉由剪貼、畫畫，或者是任何美術加工，精心裝扮，讓一本又一本「主題句典」，更像是自己獨門提煉出來的「作文法寶」。

10 隨心所欲地描繪出我們最喜歡的樣子

世界很大，人生很長，每一天打開眼睛，本來是一件最美好的「生命旅程」，可惜的是，總會有這麼多的煩惱，讓我們遲疑、難過、挫折、痛苦。日本推理作家東野圭吾在小說《解憂雜貨店》中，透過信箱指引，告訴大家，現在再怎麼痛苦，明天一定會比今天更美好；白紙的美好在於可以隨心所欲地描繪人生地圖，我們擁有的是無可限量的未來；堅守夢想的人都很幸運，會在未來路上遇到更好的自己；每個帶著煩惱來的人，心裡都有答案，諮詢，只是在鼓勵一顆已有決定的心而已。

《作文解憂法寶店》也是這樣，現在再怎麼痛苦，只要面對煩惱，堅定決心，找出解決問題的作文法寶，明天一定會比今天更美好；寫作的美好，在於可以隨心所欲地描繪出我們最喜歡的樣子；堅守夢想的人都很幸運，會在未來路上遇到更好的自己。

從小到大，我都很怕鬼，不知道為什麼，卻特別喜歡讀著《搜神》、《拾遺》、《聊齋志異》這些玄異故事。後來，我從《崑崙傳說》三部曲到《太初傳說》三部曲，為斷簡殘篇的《山海經》創造出一個擠滿神異精魂的小宇宙，熱情，熱鬧，各自在追尋不同樣貌的自由。我創造出來的九頭虎開明，很愛說話，想到哪就說到哪，吱吱喳喳，九張嘴巴輪流說話時特別開心。九頭虎還有九個頭，剛好可以在接任崑崙山小總管時，分別看緊九個重要的出入口，他努力管理九個頭，拼命讓九個頭找到自己的存在意義。

我的寫作機器寶寶小切，讓每個頭都有自己的想法和性格。九個頭會爭吵、也會互相對抗，其中最聰明的頭也叫「開明」，最後形成和自己爭鬥的心理驚悚，很適合發展成恐怖小說或驚悚小說。

不管怎樣，我們都寫出自己最喜歡的樣子。跟著《作文解憂法寶店》，我們走過漫長的文學旅程，完成艱難、卻又充滿樂趣的作文修煉。打敗「平板的開頭」、「說來說去」和「流水帳」這些作文妖魔；精煉出隨身運用的「內容」、「結構」、「修辭」解憂三寶。在晉級修煉時，熟悉新鮮視角、畫面停格，深入表現真實情感，提出特殊見解，活用名詞、形容詞和動詞為字句化妝；學會在文字中，注入獨特的生活記憶和充滿個性的情感和思想。更棒的是，翻讀著這本書，隨時找得到各種精緻好用的「修辭句典」，比人人都有的「字典」更實用。同時也和小切一起經歷過動漫電影般的冒險和挑戰，懂得在和寫作機器人互相競爭也相互幫助的過程中，找出自己的長處，期待為自己建立有意義、也有價值的「**知識**」、「**能力**」和「**態度**」，運用在未來的生活和工作中。

希望我們都能愛上寫作，並且深深感謝，各種各樣的作文法寶，讓我們解憂，也讓我們成長。

Part 4

結語：分享日常，享受閱讀和寫作的樂趣

親愛的孩子，你發現生活樂趣了嗎？

如果有一個機會，需要透過文字介紹自己。讀一篇分析自己的〈我〉，以及充滿奇幻色彩的〈「我」這家公司〉，想一想，我們的感覺，會有什麼差別呢？

寫得和大家不一樣，是不是特別有趣呢？只要我們多閱讀，無論什麼類型或方向，每一次翻開書，都是精彩的大冒險！讀書，就是為了樂趣，好玩的類型，一直一直讀下去，就會累積出自己的心得和聯想，並且轉化成生活的思索，讓不開心很快消融，讓快樂多停留一下下。來，試著用讀小說的心情讀這篇自我介紹：

〈「我」這家公司〉☆翁琪評

冰族占據了大部分職位，但是，有一些僅存的其他元素披著冰族外皮，潛藏在員工之間，在還沒有得到力量之前，只能維持這個狀態。突然，大螢幕上跑出了一則訊息「考上了〇〇中學！」，冰族裡有些人被鼓舞了，發出黃光的下一秒，砰！許多黃色的不明人士出現了！冰族趕緊拿出武器攻擊他們，但都被光芒消融掉了，黃色精靈解釋，其實他們一直混在裡頭。

「我們是火族！」帶頭的火族，全身閃著炙熱的芒星。不久後，螢幕上又出現了一則新聞「有人在眼前放閃，如何處理？」幾縷綠色的煙，飄了出來，以各種充滿厭惡的姿態對著大家指指點點。一旁的冰族又一次被嚇到了，反而是愛玩鬧的火族挺開心的熱烈起來，其中一個還大喊著：「又有不同的族出現了！」

「我們是厭族。」綠煙吐出的煙排成一行字，至此，厭族擠進這家越來越熱鬧的公司。警告標號越來越多，又好快出現：「快報！快報！手部被電到了！」

「嚇死了！」幾個冰族聽到消息，瞬間轉成紫色的複合結晶，說話同時，又噴出碎晶，險些打到一旁的其他三族。還沒等到有人出聲詢問，已經又出現陌生的聲音開口：「我……我們是，是閃族，有……有點神經質。」

對於在一旁看熱鬧的群眾，已經不稀罕出現其他族了。突然，螢幕上，出現了一則告示：「請四族領導人四指相碰，會有驚喜！」

領導人們遲疑了一下，還是做出了行動，在相碰瞬間，一個透明的嬰孩浮現在他們上空。所有員工腦子裡都冒出無數問號？？？誰都不知道「她」或「他」的存在是好是壞？嬰孩在空中，一下變成藍色，一下又變成黃色，接著綠、紫一一浮現，最後又回歸透明。不知從哪裡傳出神祕的廣播在說明嬰孩的現身：「透明族的產生，意味會創造一個和目前四族不相同的種族，請好好培育她／他。」

在一番較勁和討論下，四族決定共同養育為「我」這家公司，因為融合了各種特質，更能開創不一樣的未來。

在安靜的外表底層，我們總是有很多說不出口的衝突和拉鋸。這不就是成長的滋味嗎？別人都不了解自己，只能自說自話，有時冷得像冰，有時熱得像火，有時很厭世，有時又甜蜜的閃極了！只要揮灑創意，寫作就成為這種與眾不同的奇思異想遊樂場。

給期待孩子成長的爸爸、媽媽和老師

《作文解憂法寶店》，透過簡單的整理和有效的小訣竅，讓孩子們在快樂、自信中，愛上寫作文，並且還可以寫得很不錯；也在大人和小孩共讀時，提供很多小小的生活觀察，對大自然、器具、身體細節，多出更多觀察的細節和想像的樂趣。

試著對每一年、每個節慶、每個月、每一天、每個瞬間，多一點感覺，在平凡的日子裡發現更多有趣的事，一點一點，覆疊著深切的刻痕。有時候，和孩子們一起回顧，中餐吃什麼？早餐吃什麼？昨天的晚餐吃什麼？昨天午餐呢？

這種日常生活的分享，常常就是快樂寫作的起點。

回函贈品

掃描Qrcode，填妥線上回函完整資料，

即可索取本書贈品「**作文解憂法寶店_作文學習單**」。

活動日期：即日起至2024年9月30日

寄送日期：填寫線上回函，送出google表單後，

在下一頁即可看到學習單的下載連結。

★追蹤大樹林臉書，搜尋：@ bigtreebook，獲得優質好文與新書書訊。

★加入大樹林LINE群組，獲得優惠訊息與即時客服。

++

★贈品說明

「**作文解憂法寶店_作文學習單**」（共六頁）：

提供一個作文題目，讓孩子練習寫作，並透過畫圖來發揮想像力。

★適合國小一至六年級學生

國家圖書館出版品預行編目(CIP)資料

作文解憂法寶店：3步驟,讓孩子從討厭作文到愛上寫作!/黃秋芳著. -- 初版. -- 新北市：大樹林出版社, 2023.09
面； 公分. -- (閱讀寫作課；2)
ISBN 978-626-97562-5-4(平裝)

1.CST: 漢語 2.CST: 作文 3.CST: 寫作法

802.7　　112013846

閱讀寫作課 02

作文解憂法寶店

3步驟，讓孩子從討厭作文到愛上寫作！

作　　者／黃秋芳
總 編 輯／彭文富
主　　編／黃懿慧
內文排版／菩薩蠻
封面設計／ANCY PI
校　　對／楊心怡
出 版 者／大樹林出版社
營業地址／23357 新北市中和區中山路 2 段 530 號 6 樓之 1
通訊地址／23586 新北市中和區中正路 872 號 6 樓之 2
電　　話／(02) 2222-7270　　傳　　真／(02) 2222-1270
E-mail／notime.chung@msa.hinet.net
官　　網／www.gwclass.com
Facebook／www.facebook.com/bigtreebook
發 行 人／彭文富
劃撥帳號／18746459　　戶　　名／大樹林出版社
總 經 銷／知遠文化事業有限公司
地　　址／222 深坑區北深路三段 155 巷 25 號 5 樓
電　　話／02-2664-8800　　傳　　真／02-2664-8801
初　　版／2023 年 10 月

定價／320 元　港幣：107 元　ISBN／978-626-97562-5-4